すぐに役立つ

これだけは知っておきたい!

遺言書の書き方と生前贈与の法律と税金

弁護士
木島 康雄

公認会計士・税理士
武田 守 [監修]

JN007046

三修社

本書に関するお問い合わせについて

本書の記述の正誤に関するお問い合わせにつきましては、お手数ですが、小社あてに郵便・ファックス・メールでお願いします。大変恐縮ですが、お電話でのお問い合わせはお受けしておりません。内容によっては、お問い合わせをお受けしてから回答をご送付するまでに1週間から2週間程度を要する場合があります。

なお、本書でとりあげていない事項についてのご質問、個別の案件についてのご相談、監修者紹介の可否については回答をさせていただくことができません。あらかじめご了承ください。

はじめに

遺産分割をめぐるトラブルは年々増加傾向にあります。

令和４年の司法統計によれば、親族間での話し合いがつかず、家庭裁判所の調停や審判に持ち込まれる件数は年間約１万3000件にものぼります。相続トラブルは遺産の多寡に関係がなく、実際、調停が成立した事案のうち遺産1000万円以下が３割程度、1000万円超5000万円以下が４割を占めています。遺産の大半が“分けにくい”自宅、というケースも目立ち、ごく普通の家庭で相続争いが急増しています。

遺言書は、遺言者の最後の意思を伝えるものであり、法的な効力が認められるためには、定められたルールに従って作成する必要があります。最大のメリットは、相続手続きにおいて、「遺産分割協議」を省略させることができる点です。また、法定相続分とは異なる遺産分割の方法を指定したい場合や、相続人以外に財産を譲りたい場合、自宅など分けにくい財産がある場合なども、遺言書を作成しておくことをお勧めします。

本書では、遺言書の作成から登記、相続税、贈与税の知識まで、相続トラブルを回避できるよう多様なケースを想定して、その典型となる記載例を豊富に収録しています。また、相続税対策として、税負担を軽減する制度が充実している生前贈与の概略についても、わかりやすく解説しています。なお、暦年課税による生前贈与の加算対象期間等の見直しなどを定めた令和６年１月以降の新制度と令和６年度の相続税・贈与税の改正にも対応しています。

本書を、皆様のお役に立てていただければ監修者として幸いです。

監修者　弁護士　木島　康雄
公認会計士・税理士　武田　守

Contents

第４章　生前贈与のしくみと手続き

第５章　相続税・贈与税のしくみ

第1章

遺言がある場合の相続の基本

1 遺言書の役割について知っておこう

遺言書は法的な効力を持つ

遺書には法的な効力がなく、遺言書には法的な効力があります。遺書は、家族などへのメッセージにはなりますが、たとえば、「妻に全財産を譲る」と書いても法的な効力はありません。一方、遺言書は、法的な効力を持つ公式な書類です。代表的な遺言として自筆証書遺言、公正証書遺言、秘密証書遺言の３種類があります。

遺言書がないと、遺産相続の手続きの中で最も難しい遺産分割協議をする必要が出てきます。遺産分割協議をする際、死亡した人（被相続人）の財産や負債をすべて明らかにする必要がありますが、これが思ったよりも重労働になる可能性があります。遺産相続に必要な書類を集めるのに一苦労する場合があります。

また、「法律どおりに財産を分ければ問題は起こらないはずだ」という考え方もありますが、不動産や自動車などのように、遺産の中身によっては簡単に分割できない場合も少なくありません。

そして、何よりも問題になるのは、遺産分割協議における相続人同士の話し合いです。お金がからむことですから、どんな争いが起こるか想像がつきません。どうしても話し合いで決着がつかない場合は、家庭裁判所の調停（裁判官１名と家事調停委員２名の下で相続人同士が話し合う手続き）に持ち込むことになり、それでも決着がつかなければ、家庭裁判所の審判（裁判官が一定の判断を示す手続き）に移行します。こうなると家族の絆も何もあったものではありません。残された家族には、一生消えないしこりが残ることになるでしょう。

遺言書を作成することによって、被相続人が自らの意思を明確にしておけば、このようなトラブルを未然に防ぐことも可能なのです。

遺言書の作成と税金

遺言は、「年をとってから作ればよい」と考えがちですが、満15歳以上であれば、１人で遺言をすることが認められるため、早くから準備をすることも可能です。また、遺言書の作成により、直ちに「財産が使えなくなる」「税金が課される」といったことにはなりません。遺言書を書いただけであれば、税金は一切かかりません。後になって相続税の支払いが必要になることはありますが、相続税は、あくまで相続を受けた時点で相続人にかかるものです。

遺言が優先するのが原則

相続といえば、民法が定める法定相続分が原則と考えている人が多いようですが、それは誤解です。遺言による相続の指定がないときに限って、法定相続分に関する民法の規定が適用されます。つまり、遺言者の意思を尊重するため、民法は遺言による相続を優先させています。遺言では相続分の指定だけでなく、遺産分割の方法を指定したり、相続人の資格を失わせる（廃除）こともできます。

このように、遺言の中でとくに重要となるのは、遺産相続に関する事柄です。この他、子を認知することや、未成年後見人を指定することも、遺言によって行うことができます。これらの事柄を記載した遺言は「法律上の遺言」として、法的効力が認められます。しかし、「兄弟仲良く暮らすように」「自分の葬式は盛大にやってくれ」などという遺言を書いたとしても、法律上は何の効力もありません。

遺言できる内容は

遺言による相続の指定は、法定相続分による相続よりも優先されますが、その他にも以下の事項を遺言により行うことができます。

①　財産処分

法定相続人がいるとしても、相続人以外の人に遺産をすべて遺贈

（寄附）することができます。相続人の遺留分（65ページ）について遺留分侵害額請求権（相続法改正前の遺留分減殺請求権に相当）を行使される可能性はありますが、遺言それ自体は無効になりません。

②　推定相続人の廃除または廃除の取消

遺言で推定相続人の廃除（49ページ）やその取消の請求を行うことができます。ただし、遺言執行者が家庭裁判所に相続廃除やその取消を請求するので、遺言で遺言執行者を選任することも必要です。

③　認知

認知とは、非嫡出子（44ページ）との間に法律上の親子関係を創設することです。遺言による認知も可能ですが、認知の届出は遺言執行者が行うので、遺言で遺言執行者を選任することも必要です。

④　後見人および後見監督人の指定

子が未成年者の場合、最後に親権を行う被相続人は、遺言により被相続人が信頼している人を後見人や後見監督人に指定できます。

⑤　相続分の指定または指定の委託

民法が定めている各相続人の法定相続分は、遺言でのみ変更が可能です（相続分の指定）。遺留分の規定に反することはできませんが、これに反していても遺言それ自体は無効になりません。相続分の指定を第三者に委託することも可能です。

⑥　遺産分割方法の指定または指定の委託

あらかじめ遺言で指定をしておくこともできます。

⑦　遺産分割の禁止

遺産分割をめぐり相続人間でトラブルになりそうな場合は、遺言により５年以内に限って遺産分割を禁止することができます。

⑧　相続人相互の担保責任の指定

各相続人は、他の相続人に対して、公平な相続財産の分配を行うために、相続分に応じて担保責任（ある相続人の相続財産に欠陥、数量不足、一部滅失などの問題がある場合に他の相続人が負う責任のこと）

を負います。しかし、この担保責任を一切負わないとするなど、相続人が負う担保責任の内容を遺言によって変更することができます。

⑨　遺言執行者指定または指定の委託

遺産の登記手続きなど遺言の内容を確実に実行するための遺言執行者を遺言で指定できます。遺言で認知を行うか、廃除やその取消を行う場合は、遺言執行者を指定することが必要です。

⑩　遺留分侵害額請求権の行使方法の指定

兄弟姉妹以外の相続人には遺留分が認められます。贈与や遺贈が遺留分を侵害する場合、遺留分権利者は、遺留分侵害額請求権（相続法改正前の遺留分減殺請求権に相当）を行使できますが、特定の贈与や遺贈を自由に選択して行使することまでは認められていません。

つまり、遺留分侵害額請求権は「遺贈→贈与」の順序で行使することになっていますので（69ページ）、遺言でこの順序自体を変更することはできません。ただし、遺贈が複数ある場合に、どの遺贈から先に行使すべきかを遺言で指定することは認められています。

■ 遺言できる行為

①	財産処分	⑥	遺産分割方法の指定・その委託
②	推定相続人の廃除・取消	⑦	遺産分割の禁止
③	認知	⑧	相続人の担保責任の指定
④	後見人・後見監督人の指定	⑨	遺言執行者の指定・その委託
⑤	相続分の指定・その委託	⑩	遺留分侵害額請求権の行使方法の指定

※祭祀承継者の指定や信託（信託法３条２項）や財産の拠出（一般法人法158条２項）も可能です。

2 遺言の種類について知っておこう

普通方式の遺言には３種類ある

遺言には、普通方式と特別方式がありますが、一般的には普通方式によることになります。普通方式の遺言は、自分でいつでも自由に作成できます。一方、特別方式の遺言は、「死期が迫った者が遺言をしたいが普通方式によっていたのでは間に合わない」といったケースで認められる遺言です。具体的には、死亡の危急に迫った者の遺言、伝染病隔離者の遺言、在船者の遺言、船舶遭難者の遺言があります。

普通方式の遺言には、自筆証書遺言、公正証書遺言、秘密証書遺言の３つがあります。実務上、秘密証書遺言はほとんど利用されていません。そのため、遺言書の作成は、自筆証書遺言か公正証書遺言によることになります。

①　自筆証書遺言

遺言者自身が自筆で遺言の全文・日付・氏名を書き、押印した遺言書です。他人の代筆やパソコンで作成したものは無効です。なお、相続法改正により、自筆証書遺言に添付する相続財産の目録は自筆を要しないことになりました（36ページ）。

②　公正証書遺言

遺言者が証人２人の立ち会いの下で口述した内容を、公証人が筆記し、遺言者と証人が承認した上で、全員が署名・押印して作成したものです。手続きに不備があると無効になります。

公正証書遺言を作りたいときは

公正証書とは、公証人という特殊の資格者が、当事者の申立てに基づいて作成する文書で、一般の文書よりも強い法的効力が認められています。公証人は、裁判官・検察官・弁護士などの法律実務経験者や一定の資格者の中から、法務大臣によって任命されます。

公正証書遺言は、遺言者が公証役場に行き、公証人に対して直接遺言を口述して遺言書を作成してもらいます。公正証書遺言の原本は、原則として作成時から20年間、公証役場で保管されます（実際には遺言者が120歳に達するまで保管する公証役場が多いとされています）。

公正証書遺言の作成は、まず証人２人以上の立会いの下で、遺言者が遺言の趣旨を公証人に口述します。遺言者に言語機能の障害がある場合は、通訳または筆談によって公証人に伝えます。公証人はその口述を筆記し、遺言者と証人に読み聞かせ、または閲覧させます。そして、遺言者と証人は、正確に筆記されていることを承認した上で、署名押印します。このように、公正証書遺言の場合、立ち会った証人に遺言の内容を知られてしまうことになります。この点はあらかじめ注意しておく必要があるでしょう。

最後に、公証人が正しい方式に従った遺言であることを付記して、署名押印します。遺言者が署名できないときは、公証人はその旨を付記して署名に代えることもできます。なお、公正証書遺言に押印する印鑑は実印でなければなりません。

公正証書遺言による場合、遺言者は遺言の趣旨を公証人に口述し、署名するだけです。しかも口述するのは遺言の趣旨だけでかまいません。細かいことを全部述べる必要はありませんし、文章になるように述べる必要もありません。

公正証書遺言作成の手続き

公正証書遺言の作成を依頼するときは、まず遺産のリスト、不動産の地番、家屋番号などの必要資料をそろえます。遺言の作成を依頼する時点では、証人の同行は不要です。証人の氏名と住所を伝えるだけで大丈夫です。証人となる人は、署名をする日に公証役場に行くだけですが、当日は本人確認書類（免許証や住民票など）と認印を持参しましょう。一般的に公証人は、あらかじめ公正証書の下書きを用意してきますので、当日にはこれを参考にして遺言を作成します。

完成した公正証書遺言は、公証役場に保管されますが、遺言の正本１通は遺言者に交付されます。また、遺言書を作成した公証役場で請求すれば、必要な通数の謄本をもらえます。

■公正証書遺言作成にかかる費用と書類

遺産の金額によって費用が異なりますので、事前に公証役場に電話して確認しましょう。弁護士などの専門家に公正証書遺言の原案の作成を依頼する場合は、遺言の内容や遺言者の財産状況によって費用が変わりますので、これも事前によく確認しましょう。

そして、以下のように、身分関係や財産関係を証明するための書類を事前に用意しておきましょう。

①　遺言者の本人性を証明する

遺言者本人であることを証明するために、原則として、実印と３か月以内に発行された印鑑証明書を用意します（次ページ図）。

②　遺言の内容を明らかにする

遺言の内容には、相続人、受遺者、相続財産が登場します。それらの存在を証明するための書類も準備しなければなりません。具体的には、相続人や受遺者については、戸籍謄本や住民票を用意します（次ページ図）。相続財産については「財産目録」を作成します。とくに不動産については、登記事項証明書を法務局（登記所）で交付してもらうことが必要です。

■公正証書遺言作成の際の注意点

公正証書遺言を作成する際は、以下のように、嘱託先、証人、遺言内容、遺留分などに注意する必要があります。

①　どこの公証人に嘱託するのか

遺言者自身が公証役場に行き、公正証書遺言を作成してもらう場合には、どこの公証役場の公証人に嘱託してもかまいません。ただ、遺言書の作成を思い立つときには、遺言者の体が自由にならないケースがよくあります。その場合は、自宅や病院まで公証人に出張してもらうことができます。ただし、公証人の出張先は所属する法務局の管内に限定されるため、近くの公証役場に相談することが必要です。

②　証人を用意しておく

公正証書遺言を作成するには、証人２名が立ち会わなければなりません。証人は本人確認書類と印鑑（認印でよい）を持参します。証人は誰でもなれるわけではなく、未成年者、推定相続人（相続人になるであろう人）とその受遺者に加えて、これらの配偶者や直系血族も証人となることができません。利害関係がなく思慮分別のある成人に遺言の作成を証明してもらうためです。

③　遺言すべき内容を決定する

ここでの遺言とは、法律上の身分関係や財産関係に限られます。具

■ 公正証書遺言を作成するための資料

遺言者本人を確認するための資料

- ①運転免許証と認印
- ②パスポートと認印
- ③住民基本台帳カード（写真つき）と認印
- ④個人番号カードと認印
- ⑤印鑑証明書と実印

①②③④⑤のいずれかを用意する（原則は⑤）

＋

公正証書遺言の作成に特有の資料

- ・遺言者本人の印鑑証明書
- ・遺言者と相続人との続柄がわかる戸籍謄本
- ・財産を相続人以外の人に遺贈する場合には、その人の住民票
- ・遺産に不動産が含まれる場合には、登記事項証明書または固定資産評価証明など

体的には、「誰に何を相続させるか」「遺贈するか」「どのようにして遺産を分割するのか」「誰が遺言を実行するのか」などを内容とします。

④「相続させる」という記載

特定の遺産を誰かに譲り渡す場合、その誰かが相続人の中に含まれていれば「相続させる」と表現します。相続人以外の人であれば「遺贈する」と表現します。

たとえば、遺言でＡさんが「六甲の別荘を敷地・建物ともにＢに相続させる」と表現した場合、すべての相続人による遺産分割協議を経ることなく、六甲の別荘は直ちにＢのものになります。「相続させる」という表現により遺産の分割方法を指定したことになるからです。

⑤　遺留分

兄弟姉妹以外の相続人には、遺留分といって最低限相続できる割合が法律で保障されています。ただ、遺留分を侵害する遺言を行ったとしても遺言自体は有効です。遺留分を侵害された相続人は、遺留分侵害額請求権（相続法改正前の遺留分減殺請求権に相当）を行使して、自らの遺留分を確保できるからです（68ページ）。

もっとも、紛争の火種を残さないように、遺留分に配慮した遺言をしておいた方が無難でしょう。

⑥　遺言執行者

公正証書遺言の中でも、相続財産を管理し、遺言の執行を行う遺言執行者を指定できます。

死期が迫った者がする遺言

特別方式の遺言は、死期が迫った者が遺言をしたいが普通方式によっていたのでは間に合わない、といった場合などに利用することができます。具体的には、①病気などで死亡の危急に迫ったとき、②伝染病で隔離されているとき、③船舶内にいるとき、④船舶遭難の場合に船中で死亡の危急に迫った場合、の４つがあります。

参考　遺言公正証書

遺言公正証書

本公証人は、遺言者○○○○の嘱託により、証人○○○○、証人○○○○の立会いの下、下記遺言者の口授を筆記し、この証書を作成する。

第１条（長男の相続分）　長男○○○○に、下記を相続させる。

記

土　地
所　在　○○県○○市○○町○丁目
地　番　○番○
地　目　○○
地　積　○○．○○㎡
建　物
所　在　○○県○○市○○町○丁目○番地○
家屋番号　○番○
種　類　○○
構　造　○○
床面積　○○．○○㎡

第２条（長女の相続分）　長女○○○○に、下記を相続させる。

記

土　地
所　在　○○県○○市○○町○丁目
地　番　○番○
地　目　○○
地　積　○○．○○㎡
建　物
所　在　○○県○○市○○町○丁目○番地○
家屋番号　○番○

種　類　○○
構　造　○○
床面積　○○．○○㎡
第３条（妻の相続分）　妻○○○○に、前２条記載以外の遺産のすべてを相続させる。
第４条（祭祀の主宰）　祖先の祭祀を主宰するものとして、○○○○を指定する。
第５条（遺言執行者）　本遺言の執行者として、下記の者を指定する。
住　所　○○県○○市○○町○丁目○番○号
氏　名　○○○○
昭和○○年○月○日生

以上

本旨外要件

住　所　○○県○○市○○町○丁目○番○号
職　業　会社員
遺言者　○○○○　㊞
昭和○○年○月○日生
上記の者は印鑑証明書を提出させてその人違いでないことを証明させた。
住　所　○○県○○市○○町○丁目○番○号
職　業　会社員
証　人　○○○○　㊞
昭和○○年○月○日生
住　所　○○県○○市○○町○丁目○番○号
職　業　会社員
証　人　○○○○　㊞
昭和○○年○月○日生
上記遺言者及び証人に閲覧・読み聞かせたところ、各自筆記の正確なことを承認し、下記に署名・押印する。

○○○○　㊞

○○○○　㊞

○○○○　㊞

この証書は民法第969条第１号ないし第４号の方式に従い作成し、同条第５号に基づき下記に署名・押印する。

令和○年○月○日下記本職の役場において。

○○県○○市○○町○丁目○番○号

○○法務局所属

公証人　○○○○　㊞

この正本は、令和○年○月○日、遺言者○○○○の請求により本職の役場において作成した。

○○法務局所属

公証人　○○○○　㊞

3 遺言書を書くときの注意点について知っておこう

用紙と使用する文字

遺言は法律が定める形式で作成することが必要ですが、遺言書を自分で書くときは「自筆証書遺言」の形式を用いるのが一般的です。自筆証書遺言を作成する用紙は自由です。原稿用紙でも、便せんやメモ用紙でもかまいません。筆記用具も自由ですが、偽造などを防ぐため、消去しにくい筆記用具を用いるようにします。

自筆証書遺言は遺言者の自筆によることが必要ですから、パソコンなどで作成した自筆証書遺言は無効です。印字された文字は遺言者の意思が読み取りづらく、偽造なども容易であるためです。印字された書面に手書きで署名し、押印しても無効です。他人による代筆や自筆した遺言書を写した写真やコピーなども認められません。ただし、視力を失った人が他人の助けを得て筆記することは許される場合があります。なお、相続法改正で方式が一部緩和されています（37ページ）。

一方、使用する文字の制限は規定されていないため、漢字、ひらがな、カタカナ、ローマ字などを用いることができます。方言や家族内での通用語を用いてもよいですし、速記記号、略符、略号でもかまいませんが、一般人が理解できるように心がけて書くべきでしょう。

相続人名簿と財産目録を作る

遺言書を書くときは、人名や遺産の指定を間違えないように注意する必要があります。家屋や土地の所在地や地番の間違い、人名の書き落としなどが多いようです。遺言書を作成するときは、必ず相続人名簿と財産目録も作っておきましょう。

遺言の内容に工夫が必要

遺言の記載内容について疑問がなければ、争いが起こらないかというと、そうでもありません。そのため、遺言の内容について少し工夫が必要です。つまり、なぜそのような相続分の指定にしたか、その人に特定の財産を相続させるか、という根拠を書いておくようにすべきです。自筆証書遺言であれば、遺言書自体に書いてもかまいませんし、公正証書遺言であれば、別のメモでそれを補うこともできます。

遺言者の意思能力の立証

遺言書があるとともに、それを作成した当時、本人が正常な判断能力を有していたことを証拠立てておくことはとても大切なことです。

その方法としては、「本人が自筆の書面を書いておく」「医師の診断を受けて精神状況の診断書をとっておく」などが考えられます。

署名をする

署名は自筆で氏名を書きます。自筆証書遺言を作成する場合は、遺言者本人が日付と氏名を自署し、押印しなければなりません。

「氏名」とは、原則として戸籍上の姓名のことですが、遺言者だと判断できれば、通称や名前だけの記載でもかまいません。署名が雅号、芸名、屋号、ペンネームなどであっても、遺言者との同一性が示せるものは有効ですが、混乱を生じさせないためにも、署名は戸籍上の姓名で記載することをおすすめします。

遺言書に押す印鑑はどうする

自筆証書遺言と秘密証書遺言における遺言書の押印は、拇印（指先に朱肉をつけ、指を印の代わりにして指紋を残すこと）でもよいと考えられています。しかし、遺言者本人のものかどうかの判読が難しいため、できれば実印を押しておくべきでしょう。

遺言者の死後、遺言書に押印がないのを知った相続人などが、後から印鑑を押すことは、遺言書の偽造または変造にあたるので、印鑑を押した人は相続欠格（49ページ）になる可能性があります。

■ 遺言書に署名押印がないときは

普通方式の遺言は、遺言者の署名押印がなければ無効です。署名押印の場所は問いません。ただし、普通証書遺言について署名押印が遺言書自体にはなく封書にある場合、遺言書と一体の部分に署名押印があったとして、その遺言を有効とした判例があります。

なお、封印のある自筆証書遺言や秘密証書遺言は、家庭裁判所において、相続人（またはその代理人）の立会いの下で開封しなければなりません。また、秘密証書遺言は署名押印の他、封印をして公証人と証人２名の署名押印を封筒に記載してもらうことが必要です。

■ 契印や割印をしておく

遺言書に書くことが多いため、遺言書が複数枚になっても、１つの封筒に入れておけば同一の遺言書とみなされます。ただ、ホチキスなどでとじておいた方が確実です。割印や契印（紙の綴目に印を押すこと）については、法律上の定めがないので、とくに必要とされていません。しかし、遺言書をめぐるトラブルを避けるためには、契印や割印をしておく方が安全だといえます。

■ 遺言書を封筒に入れる

自筆証書遺言を封筒に入れる場合は、封印（封をしてから、その証拠として印を押すこと）をする必要はありません。封印された遺言書の開封は、家庭裁判所で行わなければなりませんので、相続人としては封印をしないでもらった方がよいかもしれません。

しかし、遺言書の偽造・変造の疑いをかけられるなど、トラブルに発展することもあるので、封印は一長一短です。封印するときは、封筒の表に「遺言書」と書くだけでなく、「遺言書の開封は家庭裁判所に提出して行わなければならない」と書いておきましょう。

遺言書が複数枚見つかったときは

遺言書が数通ある場合として、相続人別に遺言書を書いたときや、前に書いた遺言書を破棄しないまま新しく遺言書を書き直したときなどが考えられます。法律的に正しい形式を備えて作成されている遺言書であれば、いずれの遺言書も有効です。ただし、数通の遺言書の内容に矛盾がある場合には、矛盾している部分については、新しい日付の遺言書の内容が有効になります。

なお、遺言書が２通見つかった場合に、２通の作成日が同じであれば、作成時刻が書かれていない限り、どちらが新しいかがわかりません。この場合、内容に矛盾がある部分については、両方の遺言書が無効とされる可能性がありますが、無効となるのは矛盾する部分についてだけであり、遺言書の全体が無効となるのではありません。

さらに、１通は公正証書遺言、もう１通は自筆証書遺言という場合も考えられます。この場合も、遺言の内容についての効力は、作成日の前後によります。つまり、法律上の形式を備えていれば、後から作成する遺言書がどんな方式であっても、矛盾する部分については、前にした公正証書遺言が取り消されたことになります。

遺言書が複数枚になるとき

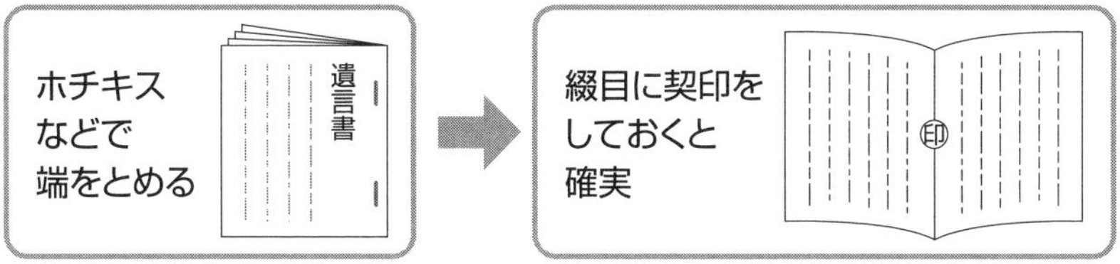

遺言を取り消したいとき

遺言の取消は遺言によって行います。また、遺言者が遺言書を破棄すると、遺言を取り消したことになります。しかし、「書面が偶然に破れた」「他人が書面を破った」というような場合は「破棄」にあたらず、遺言があったことを証明できれば、遺言は有効となります。

遺言の取消のケースは、以下のように分類されます。なお、遺言の取消をさらに取り消すことは原則としてできません。

①　前の遺言と後の遺言とが矛盾するとき

前述したように、前の遺言と異なる内容の遺言をすれば、前の遺言の矛盾する部分は、後の遺言により取り消したものとみなされます。

②　遺言と遺言後の行為が矛盾する場合

別の遺言書を書かなくても、前の遺言で相続や遺贈の目的物を売ってしまえば、遺言を取り消したものとみなされます。遺言者が故意に相続や遺贈の目的物を破棄したときも同じです。

③　遺言者が故意に遺言書を破棄したとき

遺言書を故意に破棄すれば、破棄した部分について遺言を取り消したとみなされます。

④　遺言書の文面全体に赤ボールペンで故意に斜線を引いた場合

近時、遺言者が文面全体に赤ボールペンで故意に斜線を引いた自筆証書遺言の効力が争われた事案で、最高裁は無効と判断しました。赤色ボールペンで文面全体に斜線を引く行為が、一般的に遺言書に記載された内容をすべて取り消す意思の表れだと評価されたからです。

そこで、遺言者が遺言書全体に斜線を引いた場合は「遺言者が故意に遺言書を破棄したとき」にあたり、遺言が無効になります。

遺産分割後に見つかった遺言書

遺産分割後に遺言書が見つかったときは、原則として遺産分割が無効になります。また、ある相続人が遺言書を隠匿していた場合は、その相続人が相続欠格によって相続権を失う結果、相続人の変化が生じますから、これによる遺産分割の無効の問題も生じます。以下、いくつか特殊な場合を考えてみましょう。

①　認知の遺言

相続開始後に認知があった場合にあたるので、遺産分割は無効とならず、認知された子から相続分相当の価格賠償が請求されます。

②　廃除または廃除取消の遺言

その後の家庭裁判所の審判で廃除または廃除取消が確定すると、遺産分割に加わる者が変わるため、遺産分割は無効になります。

③　単独包括遺贈の遺言

単独包括遺贈とは、遺産の全部を１人に遺贈するものです。単独包括遺贈により単独取得となりますから、遺産分割は無効です。以後は分割の対象がなくなり、再分割の協議は必要ありません。

④　特定遺贈の遺言

特定遺贈の対象財産は分割の対象外となりますから、その限度で遺産分割は無効になります。また、遺言が遺産分割全体に対する影響を及ぼすものであれば、その全体が無効になります。

■ 遺言内容の変更

遺言書の種類	目　的	方　法
自筆証書遺言	加入・削除・訂正	遺言書に直接書き込んで変更
	取消	●遺言書の破棄 ●遺言内容を取り消す遺言書を作成
公正証書遺言	加入・削除・訂正	遺言内容を変更する遺言書を作成
	取消	遺言内容を取り消す遺言書を作成
秘密証書遺言	加入・削除・訂正	遺言内容を変更する遺言書を作成
	取消	遺言書の破棄

遺言書の作成方法

> 遺言書とわかるようにはっきりと「遺言書」と書きます

遺言書

遺言者○○○○は本遺言書により次のとおり遺言する。

1　遺言者は妻○○に次の財産を相続させる。

> 相続人に対しては「相続させる」、相続人以外に対しては「遺贈する」と書きます

①　遺言者名義の土地

所在　静岡県伊東市一碧湖畔二丁目

地番　25番

地目　宅地

地積　100.25平方メートル

> 土地や建物の表示は登記簿に記載されている通りに記載します

②　○○銀行○○支店遺言者名義の定期預金（口座番号×××××）すべて

> 受遺者の氏名、生年月日、遺贈する財産を記入します

2　遺言者は、東村和子（東京都世田谷区南玉川１－２－３、昭和30年８月23日生）に、遺言者の東都銀行玉川支店の普通預金、口座番号1234567より金弐百万円を遺贈する。

3　その他遺言者に属する一切の財産を妻○○に相続させる。

> 預貯金の場合には支店名・口座番号も記載しておきます。改ざんを防ぎたい場合には算用数字より多角文字を使用した方がよいでしょう

4　本遺言の遺言執行者として次の者を指定する。

住所　東京都○○区○○町○丁目○番○号

氏名　○○○○

> 具体的に記載しなかった財産の相続人についても記載しておきます

> 遺言執行者を指定する場合には遺言執行者の住所・氏名を書きます

5　付言事項

妻○○は、苦しい時代にも愚痴ひとつこぼさず、ひたすら遺言者を支え続け、子どもたち２人を立派に育ててくれた。子供たち２人はこれからも、お母さんの幸せを温かく見守ってやってほしい。

> 家族への思いなどについては、最後に「付言事項」として書き残します

令和○○年○月○日

東京都○○区○○町○丁目○番○号

遺言者　○○○○　㊞

> 作成日付・遺言者の住所・氏名を、正確に記載し、押印します

4 代筆や文字の判読、日付の記載、訂正をめぐる問題について知っておこう

自筆証書遺言において遺言書を代筆することは認められない

自筆証書遺言では、遺言者本人が全文、日付、氏名をすべて自書（手書き）することが必要ですから、代筆は一切認められません。なお、自筆証書遺言に添付する相続財産目録については、自書でなくてもよいことになっていますが、自書でない記載があるページのすべてに署名押印をすることが必要とされています（37ページ）。

自筆証書遺言が本人の自書によるものではない場合は、その遺言は無効となります。自書かどうかが争われた場合は、主に作成時の状況によって判断します。

また、遺言書を自書する意思はあっても、病気などのために文字がうまく書けないので、他人に介添えをしてもらって書いたという場合は、介添えの程度によって自書によるものといえるかどうかを判断します。具体的には、介添えが、遺言者が文字を書くためのものであって、しかも遺言の内容に介添人の意思が介入した形跡がなければ、そのような遺言は自書によるものと扱われます。たとえば、遺言を書く用紙を手で押さえるなどの補助をしたという程度であれば、その遺言は自書によって作成されたものと扱われることになります。

遺言書の文字が判読できない場合

遺言書の文字が判読できない場合は、どのように扱われるのでしょうか。遺言書が判読できないケースとしては、遺言書の破損・摩滅により文字がうすれていて物理的に読めない場合や、自筆が乱れており何が書かれているかが読み取れない場合などが考えられます。

まず、汚れなどの原因により判読不可能となっている部分の遺言は、

無効になります。

遺言書の文字自体が判読できないときは、自筆証書遺言の効力を認めることができません。もっとも、判読できないから直ちに無効だと結論づけることなく、作成時の状況や遺言者の真意から、可能な限り判読するよう相続人間で協議し、協議が調わなければ、家庭裁判所での調停を試み、それでも結論が出ない場合は訴訟を提起して判断してもらうべきでしょう。

裁判では、主に作成時の状況から、遺言書の文字を判読しうるか否か、判読しうるとしてもどのように判読するかについて争われることになります。この際、筆跡鑑定を採用することは一般的にはありません。裁判所は、筆跡鑑定の有用性については疑問を抱いているからです。実際には、相続人間の協議で結論を出して妥協するケースが多いようです。

日付の記載がない場合は遺言書自体が無効となる

自筆証書遺言は、遺言書の全文・日付・氏名を自書した上で、押印しなければなりませんが、その際に記入する日付は、実際に存在する特定の日を表示する必要があります。日付の記載がない、あるいは存在しない日付を記載した自筆証書遺言は無効です。

遺言書に日付の記載が要求されるのは、遺言者が遺言を作成した時点でその遺言者に遺言するだけの能力があったかどうか判断するポイントになるからです。

また、内容が相互に矛盾する遺言書が２つ以上見つかった場合、内容が矛盾する部分については、最も新しい日付の遺言書を有効な遺言として取り扱われます。

遺言書に記載する日付は「令和○年○月○日」「西暦２０○○年○月○日」のように、特定することができる日付として、明確な年月日を記載します。元号でも西暦でもよいですし、漢数字でも算用数字でもかまいません。数字の表記は「二十三」「二三」「弐拾参」「23」のいずれの書き方も認められます。なお、「令和○年○月吉日」のような書き方は、「吉日」では日付を特定できないため無効とされます。一方、「令和○年の誕生日」「満60歳の誕生日」のような書き方であれば、年月日を特定できるので有効です。

もっとも、日付は遺言の正当性を証明する絶対要件ですから、「令和×年×月×日」ときちんと書くのが一番よいでしょう。

遺言書の年月日が間違っている場合

遺言書に記載された年月日は、遺言が行われた年月日を表すものですが、客観的に見て明らかに日付が間違っているというケースもあります。たとえば、①「２月30日」や「昭和65年」というように暦に存在しない日付を記載している場合や、②遺言書記載の年月日に遺言者が大手術の最中であったなど、その日に遺言者が遺言を書くことは事実上不可能であった場合などは、遺言書に記載されている日付が明らかに間違っているといえます。

日付に誤りのある遺言書は、原則として無効です。しかし、遺言書に日付の記載が要求される趣旨は、遺言者の最終的な真意確認のため

自筆証書遺言の訂正例

遺　言　書

遺言者○○○○は次のとおり遺言する。

本行1字加入
1字削除
○○○○　1．長男○○○○の相続分は全遺産の~~参~~分の壱とする。
弐㊞

（中略）

3．二男○○○○に対して東京都○○区○○町○丁目○番の
本行2字加入
○○○○　建物を与える。
土地㊞

令和○年○月○日

遺言者　○○　○○　㊞

です。この趣旨からすると、明らかな誤記であり、遺言者の記載ミスに過ぎないといえるケースについては、遺言書を無効とする必要はないと考えられます。

そこで、遺言書に記載された内容や趣旨に照らし合わせて、日付が誤記であることが明白であり、特定の年月日の記載があると認められる場合には、その遺言は有効であると判断される可能性があるといえるでしょう。

■遺言書の内容を変更する場合の注意点

自筆証書遺言や秘密証書遺言について、遺言書に加入・削除・訂正をする場合、変造防止のため、以下のような厳格なルールが定められています（次ページ図）。加入・削除・訂正がルールに従ったものでない場合は、遺言書の内容の変更がなかったものとして扱われます。

① 遺言書に文字を加入する場合は遺言者の印を押し、遺言書の文字を削除・訂正する場合は原文が判読できるように２本線で消し、変更後の文言を書き入れます。

② それぞれの変更後の文言を書き入れた部分に、遺言書に押印した印鑑と同じものを押します。

③ 変更した部分の左部または上部欄外に「本行○字加入○字削除」などと付記するか、遺言書の末尾に「本遺言書第○項第○行目○字加入」などのように付記します。

④ 付記した部分に、遺言者本人が署名します。

■遺言書を書き直す場合

相続財産などの状態は常に変動しますから、必要に応じて遺言書を書き直す必要がある場合もあります。

遺言書を全文にわたって書き直すのが大変なときは、遺言書を部分的に訂正する新たな遺言書を作成するという方法をとることもできます。前の遺言書と後の遺言書とで矛盾・抵触する部分については、後の遺言書によって、前の遺言書の当該部分が取り消されることになります。

遺言書の改ざんと相続欠格

遺言書の内容を変更する場合のルール（34ページ）に従い、遺言書を訂正することができるのは、遺言者本人だけです。遺言者以外の人が遺言書を改ざん（変造）しても、その改ざんした部分は無効です。いかに改ざんされても、元の遺言書自体は有効で、改ざんされていないものとして扱われます。改ざんは遺言者の意思ではないわけですから、遺言が取り消されることはありません。

相続人が被相続人の遺言を改ざんした場合、「相続に関する被相続人の遺言書を偽造し、変造し、破棄し、または隠匿した者」は相続欠格事由のひとつとされているため、相続人は相続開始時点に遡って相続人の資格を失います。民法は、相続人が死後の財産の行方について自由に決定できるように、遺言制度を認めています。そのため、無断で遺言書に自分自身が多く利益を得るように改ざんするなどして、遺言の自由を不当に侵害した相続人について、相続人としての資格を剥奪するという制裁を与えるのが相続欠格の制度です。

遺言書の訂正・改ざん

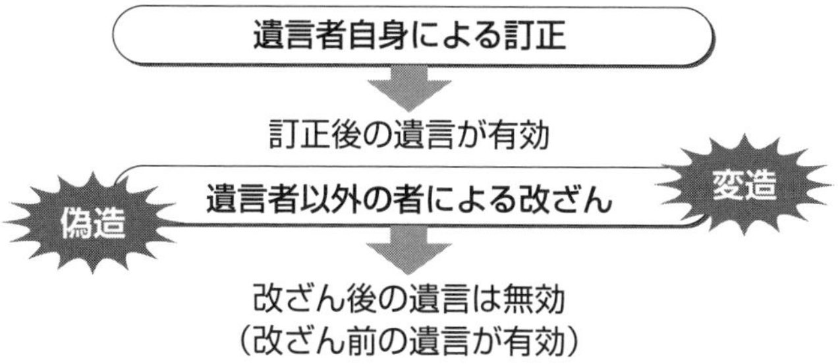

遺言者本人による訂正であっても、訂正前後の筆跡が違って見えるようであれば、改ざんしたと疑われる可能性がありますので、なるべく訂正はしない方がよいでしょう。さらに、遺言書の保管には細心の注意を払う必要があります。

自筆証書遺言の要件の緩和について

自筆証書遺言は、全文・日付・氏名を自書し、これに押印することによって作成されます。パソコンなどによる自筆証書遺言の作成は認められず、自筆証書遺言の作成に際しては自書能力が必要になります。しかし、前述のように、判読不能な部分や介添人の意思が介入した場合などは無効となることから、せっかく自筆で遺言書を作成しても、その効力について争いが生じるケースも少なくありません。

とくに自筆証書遺言は死期が差し迫った状況で作成されることが多いことから、そうした中で全文の自書を要求することは、その形式的要件（有効となるための方式）が厳しすぎるとの指摘がなされていました。

そこで、平成31年（2019年）1月13日に施行された改正相続法によって、同日以降に自筆証書遺言を作成する場合には、次の項目で述べるように、改正前よりも形式的要件が緩和され、比較的容易に自筆証書遺言を作成できるようになっています。

自筆証書遺言に添付する相続財産目録は自書でなくてもよい

遺言書において、ある財産を特定の人に相続させ、または遺贈するためには、その財産を特定することが必要です。たとえば、土地の場合には、その土地の所在、地番、地目、地積といった事項を記載して特定する必要があります。また、銀行預金の場合には、銀行名だけでなく、支店名、口座の種類（普通または当座）、口座番号、口座名義人などを記載して特定する必要があります。

これらの相続財産に関する事項をすべて自書することは非常に煩雑です。そこで、平成31年（2019年）１月13日に施行された改正相続法によって、同日以降は、自筆証書遺言と一体のものとして相続財産目録を添付する場合には、必ずしも自書する必要はないこととし、他人による代筆やパソコンによる入力の他、登記事項証明書や通帳の写しを添付しても有効と扱われることになりました。

ただし、自書によらない相続財産目録が複数ページに及ぶ場合は、すべてのページに署名押印をすることが必要です。また、自書によらない相続財産目録が両面にある場合は、その両面に署名押印をすることが必要です。これは、偽造や変造を防ぐためです。

なお、自書によらない相続財産目録の内容を変更（追加・除除・訂正）する場合は、遺言者が変更場所を指示し、その内容を変更した旨を付記し、これに署名押印しない限り、変更の効力は生じません。ただし、自筆証書遺言に添付した相続財産目録に訂正加筆する部分については、自書でなくてもよいとされています。

■ 自筆証書遺言の方式

① 遺言者本人が全文、日付、氏名をすべて自書する必要がある。

② 相続財産目録を添付する場合、自書でなくてもよい
（パソコンなどで作成しても有効）。
ただし、自書でない記載があるページのすべてに署名押印をする必要がある。

5 法律上の形式に反する遺言の効力について知っておこう

■ 口頭による遺言の効力は

遺言が有効に成立するためには、民法が定めた方式に従って遺言書を作成する必要があります。遺言者が単に口頭で述べただけのものは、有効な遺言ではありません。

ただ、遺言者が口頭で述べて成立する遺言もあります。公正証書遺言の場合には、本人が署名できないときは、公証人がその旨を付記することで、遺言が有効に成立します。

また、特別方式による遺言には、遺言者が口頭で述べた内容を証人が筆記するものもありますし、署名押印ができない場合の特別規定もあります。民法が定めた方式に従って作成されていれば、その遺言は有効です。ただし、証人や立会人の署名押印は必要です。

■ ビデオテープやDVDなどの使用

本人が登場して遺言内容を述べているビデオテープやDVDなどは、遺言として認めてもよさそうです。しかし、遺言の形式的要件である本人の署名押印などを備えていないので、ビデオテープやDVDなどに記録した遺言は、法的効力をもつ遺言とはなりません。

ただ、本人の自発的意思による遺言であることがわかるように、病床での遺言作成の模様を録画するということでしたら、後日のトラブルを予防する効果があるでしょう。また、ビデオテープやDVDなどに録画した内容を記録させておけば、第三者に遺言書が破棄されてしまったとしても、遺言書が存在したことや、その内容についての証拠になることもあります。

障害のある人がする遺言

公正証書遺言は、従来、遺言者から公証人への口述、公証人による読み聞かせが厳格に要求されていたため、障害者にとっては非常に不便な制度でした。しかし、平成11年（1999年）の民法改正により、遺言者の聴覚・言語機能に障害がある場合には、口述の代わりに手話通訳か筆談で公証人に伝えること、公証人による内容の確認は手話通訳か閲覧の方法ですることが認められています。

また、点字機による自筆証書遺言は認められませんが、秘密証書遺言は点字機によることもできますが、署名押印は自ら行うことが必要です。一方、全盲の遺言者であっても、普通の文字で遺言書を書くことができれば、有効な自筆証書遺言を作成することができます。

共同遺言は認められるのか

共同遺言とは、２人以上の人が、１つの遺言書によって遺言をすることです。民法では共同遺言を禁止しています。たとえ夫婦がお互いの自由意思に基づいているとしても、その夫婦が１つの遺言書で遺言をすることはできません。

遺言は遺言者の真意が明確に表現されることが重要です。しかし、２人以上の人が同じ遺言書に遺言をしてしまうと、どの部分が誰の遺

法律上の形式に反する遺言

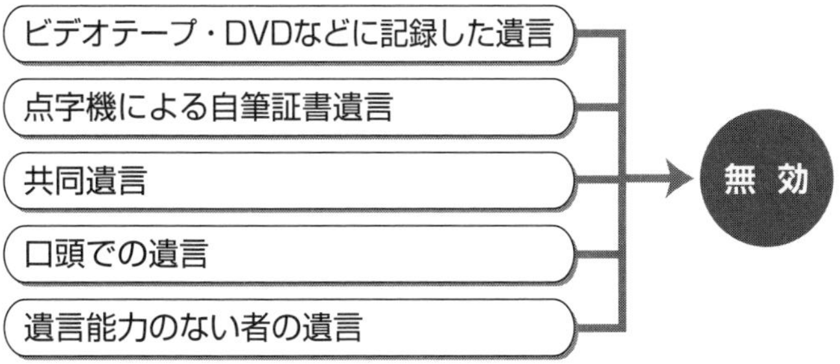

言であるのかを特定することが困難になりかねません。これでは遺言者の死後に、遺言の内容をめぐってトラブルが生じますので、民法では共同遺言を禁止しているのです。財産をどのように処分するか（誰に相続させるかなど）について、夫婦間で相談して決めるのは自由ですが、遺言書は必ず別々に書くことが必要です。別々の書面に書くのであれば、同じ日に遺言書を作成してもかまいません。

■ 遺言書を無理に書かせた場合

遺言は遺言者の真意によるものでなければなりません。たとえば、強迫や詐欺により無理に書かせた遺言は、遺言者の真意による遺言ではないので、これを取り消すことができます。

また、無理に遺言を書かせた者が相続人であれば、遺言が取り消されるばかりか、その相続人は相続欠格となり、相続人としての資格を失うことになります（遺贈を受けることもできません）。

さらに、遺言者が気を失っていたり、病気のために判断能力や手を動かす能力がないのに、手をとって無理に書かせた遺言は、本人が自書したとはいえませんから、自筆証書遺言としては無効とされます。

■ 遺言能力を有しない者が書いた遺言

遺言が有効に成立するためには、遺言者が遺言能力（遺言の内容を理解し、判断する能力のこと）を備えていることが必要です。15歳未満の未成年者には遺言能力が認められていませんし、また認知症や精神上の障がいなどにより遺言能力がないとして遺言の効力が争われるケースも増加しています。遺言能力がないと判断されれば、遺言自体が無効になります。後日の紛争を避けるため、遺言能力に疑いが生じうる可能性がある場合は、公正証書で遺言を作成し、かつ遺言時における医師の診断書を取得するなど、遺言能力があった証拠を残しておくようにしましょう。

6 遺言執行者について知っておこう

遺言執行者とは

遺言には、相続人と利益が相反する内容や、相続人間の利益が相反する内容を含む場合があります。こうした場合は、遺言執行者が必要になります。遺言執行者は、遺言の内容を実現するため、遺言の執行に必要な一切の行為をする権利義務を有する人のことで、相続財産の管理や処分などに関する権限を持っています。

この点から、遺言執行者は相続人全員の代理人とみなされます。このことを明確にするため、平成30年（2018年）の相続法改正では、遺言執行者がその権限内で遺言執行者であることを示してした行為は、相続人に対して直接にその効力が生じることが明記されました。

これに対し、遺言書に遺言執行者の指定（または指定の委託）がないときは、遺言の執行としての不動産登記の申請、預貯金の名義変更など、相続手続きの一切を相続人全員で行うことになります。なお、遺産分割協議が成立しても、所有権移転登記をする際には、登記申請書に相続人全員の実印が必要です。

遺言執行者の指定や解任など

遺言執行者は、遺言によってのみ指定することができます。遺言執行者に指定されても辞退できますから、遺言をするときは、遺言執行者を引き受けてもらえそうな人を指定する必要があります。相続人や法人も遺言執行者になる資格がありますし、２人以上を遺言執行者として指定することも可能です。

遺言執行者は、就任を承諾した場合には、その任務を行わなければなりません。相続法改正により、遺言執行者は、任務を開始したら遅滞なく、相続人に遺言の内容を通知しなければならない旨が明文化されました。そして、遺言執行者があるときは、相続人には遺言の執行権がなく、遺言内容を執行しても無効になります。遺言執行者は、財産目録の作成などをした上で、遺言内容を執行します。

遺言執行者が任務を怠った場合、家庭裁判所は、遺言執行者を解任するか、新しい遺言執行者を選任できます。一方、遺言執行者が自ら辞任する場合は、家庭裁判所の許可を受ける必要があります。

遺言執行者の報酬は、遺言で定めておくべきですが、その定めがない場合は、家庭裁判所が報酬を定めます。なお、遺言の執行に関する費用は相続財産から支出します。

遺言執行者の選任が必要な場合

遺言において、①非嫡出子の認知、②相続人の廃除とその取消を行う場合には、必ず遺言執行者を指定しなければなりません。①については届出の手続きを行うこと、②については家庭裁判所への申立てを行うことができるのは、遺言執行者に限定されるからです。

①②の遺言がある場合で、遺言執行者が指定されていなければ、その選任を申し立てることが必要です。申立てができるのは相続人・受遺者などの利害関係人です。申立先は相続開始地の家庭裁判所で、添付書類は戸籍謄本です。

遺言執行者が登記手続きを行う

相続法改正により、遺産分割方法の指定であるか、遺贈であるかを問わず、法定相続分を超える分については、登記などの対抗要件を備えないと第三者に主張できなくなりました。そして、不動産登記の申請など、対抗要件を備えさせるために必要な行為も、遺言執行者が行うことができる旨が明文化されました。

7 相続分は遺言で変えられる

■相続とは何か

相続とは、被相続人の死亡により、その遺産が相続人に移転することです。つまり、「死亡した人の遺産を相続人がもらうこと」です。

被相続人とは、相続される人（死亡した人）のことで、相続人とは、遺産を受ける人のことです。もっとも、この場合の「遺産」とは、土地や株式など金銭的評価ができるものの他にも、被相続人に借金などが残されているときは、これも遺産に含まれるため、相続人に受け継がれることになります。

相続については「相続人が誰か」をすぐに確定することができない場合があります。一般に、配偶者と子が相続人である場合が最も多く、このときは一見単純なようにも思えますが、相続放棄がからむと権利関係が複雑になることがあります。また、被相続人に子がなく直系尊属（父母・祖父母など）が全員他界している場合には、配偶者と兄弟姉妹が相続人となりますが、兄弟姉妹が被相続人よりも先に死亡していると、おい・めい（兄弟姉妹の子）が代わりに相続人となることから（代襲相続）、相続人の確定に、時間・労力・費用がかかります。

相続分は民法という法律で決まっていますが（法定相続分）、遺言で変えることができます（指定相続分）。その場合は、とくに遺留分の関係で相続分について争いが生じることがあります。さらに、相続人には寄与分の制度がある他、平成30年（2018年）に成立した相続法改正では、特別の寄与をした親族による特別寄与料の請求を認めた（62ページ）ことから、これらも考慮して相続分を確定することが必要です。

そして、被相続人の遺産（相続財産）は、相続分に応じて分割できるものを除いて、相続人全員による共有となります。その後は、遺産分割と税金（相続税など）が問題になります。相続人や相続分、遺産分割の方法などについて親族間で紛争が生じれば、家庭裁判所の調停など、裁判所での手続きになります。

相続人の範囲

相続人の範囲は民法で法定されています。つまり、法定された範囲内の人だけが相続人となり、それ以外の人は相続人になることができません。最優先順位で相続人になるべき人を推定相続人といいます。

ただし、法定相続分（47ページ）に従い相続させるのは不合理だと被相続人が考え、誰に何を相続させるかを遺言した場合、法律上は、被相続人の遺言に従い処理するという原則がありますので、遺言書により指定された人が遺産を承継します。また、相続放棄、廃除、相続欠格による相続権の喪失や、代襲相続の問題などがあるため、推定相続人が必ずしも相続人になるとは限りません。

血族の相続順位

血族とは、血縁関係のある親族のことで、直系血族（親や子など直線的につながる血族）と傍系血族（兄弟姉妹など共通の始祖から枝分かれしている血族）に分けられます。直系血族はさらに、直系尊属（上方向の直系血族）と直系卑属（下方向の直系血族）に分かれます。

血族の相続順位の第１順位は子です。養子や胎児も含まれます。婚姻関係にない男女間に生まれた非嫡出子は、認知を受けた場合に父親の地位を相続します（母親について認知は不要です）。なお、子の代襲相続人（46ページ）が１人でもいる場合は、その人が第１順位の相続人となり、直系尊属や兄弟姉妹は相続人になりません。

第２順位は直系尊属です。第１順位が誰もいない場合に、直系尊属が相続人となります。なお、直系尊属の中では被相続人から見て親等の最も近い者が相続します。たとえば、被相続人の親が１人でも生きていれば、その親が相続人となり、祖父母は相続人になりません。

第３順位は兄弟姉妹です。第１順位と第２順位が誰もいない場合に、兄弟姉妹が相続人になります。兄弟姉妹の間に優先順位はありません。なお、兄弟姉妹の子は代襲相続人になりますが、代襲相続はその子でストップしますので、再代襲（孫以降への代襲相続）は生じません。

配偶者の相続権

被相続人の配偶者は、前述した血族とともに、常に相続人となります。相続権がある配偶者は、婚姻届が出されている正式な配偶者に限定されます。いわゆる内縁の配偶者は、たとえ長年一緒に生活し、夫婦同然だとしても、相続人となることができません。

相続人の範囲

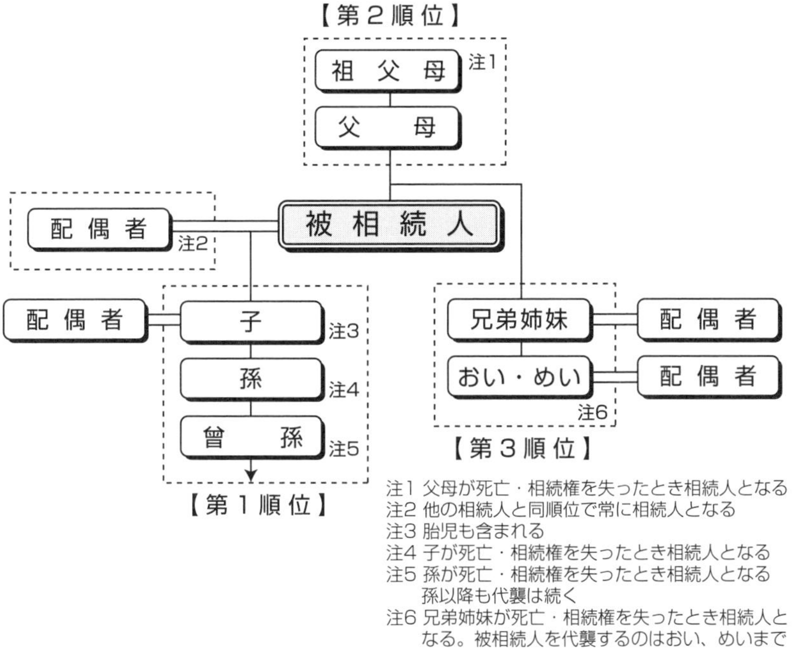

代襲相続とは

代襲相続とは、本来相続人になるはずだった血族が、死亡・相続欠格・相続廃除によって相続権を失った場合、その子や孫などが代わりに相続人となることです。本来相続するはずだった血族を被代襲者、代襲相続によって相続する人を代襲相続人と呼びます。

具体的に、被代襲者は被相続人の子か兄弟姉妹で、代襲相続人は被相続人の直系卑属かおい・めいです。したがって、被相続人の配偶者や直系尊属が相続権を失っても代襲相続は生じず、被相続人の養子の連れ子は被相続人の直系卑属でないため代襲相続人になりません。

また、本来の相続人が子である場合に起こる代襲相続は「孫→曾孫…」と再代襲が無限に続きますが、本来の相続人が兄弟姉妹である場合に起こる代襲相続は、兄弟姉妹の子（被相続人のおい・めい）に限られることから、再代襲は生じません。兄弟姉妹について再代襲を認めると、被相続人から見るとほぼ顔も知らない人にまで財産が与えられてしまうからです。

代襲相続が行われる原因（代襲原因）は、死亡、相続廃除、相続欠格によって、相続人となるはずだった被相続人の子か兄弟姉妹が相続権を失うことです。一方、相続放棄の場合は、初めから相続人でなかったことになるので、代襲相続は生じません。

指定相続分と法定相続分

相続人が２人以上いる場合、相続人が受け継ぐ相続財産（遺産）の割合を相続分といいます。相続分については、原則として、被相続人の遺言で定められた割合（指定相続分）が優先し、遺言がなければ民法という法律で定められた割合（法定相続分）に従います。

①　指定相続分

被相続人が、相続人ごとの相続分を自由に決めて（遺留分を侵害しないことは必要です）、遺言で指定した相続の割合のことです。具体的な割合を示さずに、特定の人を遺言で指名して、その人に相続分の決定を一任することもできます。

② **法定相続分**

民法が定めている相続人の取り分のことです。実際に誰が相続人になるかによって、以下のように法定相続分が変化します。

・配偶者と直系卑属（第１順位）が相続人となる場合
配偶者の相続分が２分の１、直系卑属の相続分は２分の１
・配偶者と直系尊属（第２順位）が相続人となる場合
配偶者の相続分が３分の２、直系尊属の相続分は３分の１
・配偶者と兄弟姉妹（第３順位）が相続人となる場合
配偶者の相続分が４分の３、兄弟姉妹の相続分は４分の１

全血兄弟と半血兄弟

従来は、嫡出子と非嫡出子との間に区別があり、非嫡出子は嫡出子の２分の１の相続分しかありませんでした。しかし、平成25年（2013年）民法改正により区別は撤廃され、相続分は同等となりました。

代襲相続のしくみ

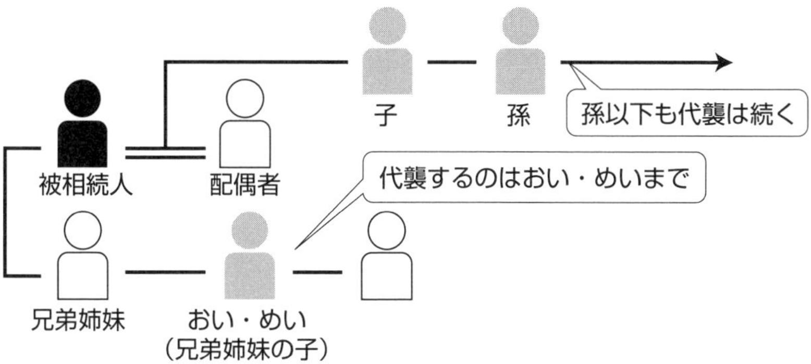

例外として残っているのは、「全血兄弟」と「半血兄弟」の区別です。全血兄弟とは、被相続人と父母の双方を同じくする兄弟をいうのに対し、半血兄弟とは、父母の一方だけが同じ兄弟をいいます。

下図のケースは、被相続人Ｙに子がなく、直系尊属もすでに死亡していますから、配偶者と兄弟姉妹が相続人になります。Ｙから見て、Ａは父も母も同じなので、Ａは全血兄弟に該当します。しかし、ＢとＣは父の後妻の子ですから、父は同じですが、母は異なるので、ＢとＣは半血兄弟に該当します。この場合の相続分は、全血兄弟が２であるのに対し、半血兄弟はその半分の１という割合になります。

ただし、これは子が推定相続人になる場合ではなく、兄弟姉妹が推定相続人になる場合のみの話ですので注意が必要です。

■ 全血兄弟と半血兄弟

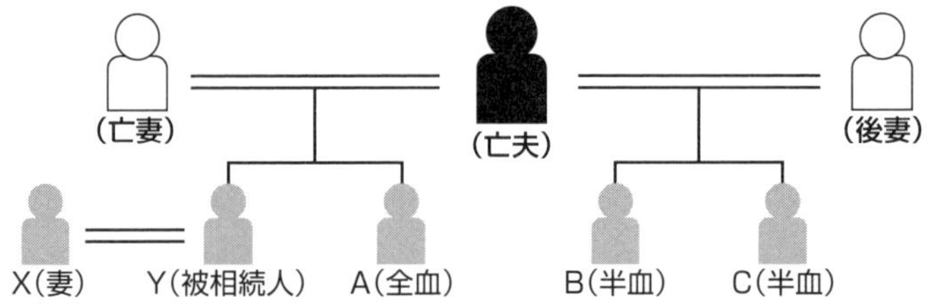

各自の相続分

全血兄弟A …………… $\frac{1}{4} \times \frac{2}{2+1+1} = \frac{1}{8}$

半血兄弟B …………… $\frac{1}{4} \times \frac{1}{2+1+1} = \frac{1}{16}$

半血兄弟C …………… $\frac{1}{4} \times \frac{1}{2+1+1} = \frac{1}{16}$

妻　X ………………………………………… $\frac{3}{4}$

8 相続欠格や廃除について知っておこう

相続欠格とは

本来は相続人になるはずの人（推定相続人）でも、一定の事情があると、相続人になることができません。このことを相続欠格といいます。相続欠格に該当した人（相続欠格者）は、特別な手続きがなくても相続権をすべて失います。相続欠格は、遺言よりも強い効力があるので、相続欠格者は遺贈を受ける資格も失います。これにより、他の人が代わって相続権を得ることになります。なお、親が相続欠格となっても、その子が代襲相続人として相続権を得る場合があります。

相続欠格となる事情は、以下のように定められています。

① 故意に、被相続人または先順位や同順位にある相続人を死亡させたり、死亡させようとした（未遂）ために、刑（執行猶予付きも含む）に処せられた者

② 詐欺・強迫によって、被相続人が相続に関する遺言をすることを妨げたり、遺言の取消・変更をすることを妨げた者

③ 詐欺・強迫によって、被相続人に相続に関する遺言をさせたり、遺言の取消・変更をさせた者

④ （不当な利益を得る目的で）遺言書を偽造・変造・破棄・隠匿した者

⑤ 被相続人が殺されたことを知って、これを告発・告訴しなかった者

相続廃除とは

相続欠格ほどの理由がなくても、被相続人の意思によって相続権を奪う相続廃除という制度があります。相続廃除の対象になるのは、遺留分をもっている相続人（配偶者、子およびその代襲者、直系尊属）だけです。遺留分をもたない兄弟姉妹は相続廃除の対象になりません

ので、兄弟姉妹に相続させたくない場合は、「兄弟姉妹には相続させない」という内容の遺言をすべきことになります。

相続廃除ができるのは、下図の3つの理由によって、被相続人と相続人の信頼関係が破たんし、相続させる理由がなくなった場合です。相続廃除を行うには家庭裁判所の審判が必要であり、相続廃除が認められると相続権は失いますが、遺贈を受ける資格は失いません。また、代襲相続については相続欠格と同じ取扱いがなされます。

廃除の方法と取消

家庭裁判所に対し相続廃除の審判を申し立てるには、①被相続人が生前に請求する方法、②遺言書に相続人の廃除の意思を示す方法の2つがあります。また、被相続人の気持ちが変わり、廃除を取り消したい場合には、生前に家庭裁判所に申し立てるか、または遺言で廃除の取消の意思を示すこともできます。家庭裁判所により廃除が取り消されると、対象者の相続権は回復します。

相続廃除とは

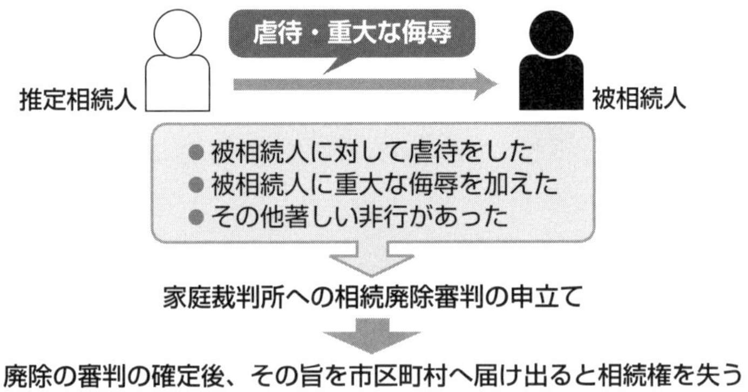

9 相続放棄について知っておこう

■ 相続開始を知ってから３か月以内

相続するかしないか、つまり相続を承認するか放棄するかは、相続人の自由です。相続放棄をする場合には、被相続人のすべての財産（プラス分とマイナス分）を放棄します。相続放棄をした場合、相続放棄をした人は、最初から相続人ではなかったとみなされます。

相続放棄するかどうかは、被相続人の死亡の時から３か月以内ではなく、相続の開始を知ってから（自分が相続人になったことを知ってから）３か月以内に決めなければなりません。相続放棄をする場合、相続人が家庭裁判所に相続放棄申述書を提出することが必要です。

相続人が未成年者や成年被後見人などの制限行為能力者（単独で法律行為を行う能力が制限されている人）の場合には、その法定代理人が制限行為能力者のために、相続の開始があったことを知った時から３か月以内に、相続放棄をするかどうか決める必要があります。

そして、相続放棄した人（放棄者）は、最初から相続人ではなかったとみなされるので、その子や孫が代襲相続することはできません。放棄者は、相続放棄によって新たに相続人となる者が遺産の管理を始めるまでは、所持している遺産を管理する必要があります。

また、相続放棄があった場合は、放棄者以外の同順位の血族相続人が相続人となり、同順位が誰もいなければ、次順位の血族相続人が相続人となります。

■ 遺族年金や退職金は個々の判断

相続放棄と遺族年金・退職金請求権の関係は、それがどのような財産であるかによって違います。弔慰金や遺族年金が、遺族固有の権利であれば、相続放棄に関係なく自分の権利として請求できます。しかし、故人である被相続人に支払われるべき相続財産（遺産）にあたるものについては、相続を放棄すれば請求できなくなります。

■事故に対する損害賠償請求権は相続財産になる

死亡者本人の物的損害に対する賠償金や、精神的損害（苦痛など）に対する慰謝料といった損害賠償請求権は相続財産になります。たとえば、被相続人が事故死した場合、本人が取得した加害者に対する損害賠償請求権は相続財産となり、相続人に受け継がれますが、相続放棄をした相続人はこれを相続できません。

ただし、加害者に対し遺族として苦痛を受けたことの慰謝料を請求するのであれば、これは遺族自身に生じた固有の損害であって、相続財産ではありませんので、相続放棄とは関係なく請求できます。

■生命保険金の請求権

被相続人が生命保険金の受取人になっている場合、その保険契約上の権利は被相続人に属する相続財産ですから、放棄者（相続放棄をした相続人）は、これを相続することができません。

一方、被相続人が死亡した場合の保険金受取人として指定されている者が、当初から放棄者であった場合、生命保険金は相続財産に含まれませんので、放棄者は保険金を請求できます。特定の個人を保険金受取人として定めていた場合、その特定の個人を保険金受取人とする趣旨の記載であることから、たとえ相続放棄によって相続人の資格を失っても、保険金請求権の保険金受取人としての資格は失われないとする判例があるからです。ただし、放棄者が生命保険金を受け取った場合は、相続税を支払う義務が生じます。

相続分皆無証明書（特別受益証明書）と相続放棄

相続放棄はしないが、自分の相続分を他の相続人に譲るための方法があります。それが「相続分皆無証明書」を作成する方法です。

相続分皆無証明書（相続分がないことの証明書）とは、自分には特別受益（58ページ）があるから相続分がないので、他の相続人だけに相続を認めるという趣旨の証明書のことです。相続分皆無証明書を添付することで、他の相続人だけで不動産の相続登記を申請できるというメリットがあります。なお、相続登記申請をするには印鑑証明書の添付も必要ですが、相続分皆無証明書の作成当時の印鑑証明書でよいとされており、３か月以内などの期間制限はありません。

もっとも、自分だけが先順位者で配偶者もいない場合は、自分だけが相続人ということになるので、相続分皆無証明書を作成して後順位者に相続財産を譲ることはできません。この場合、後順位者に相続財産を譲りたいのであれば、相続放棄をすることが必要です。

また、相続分皆無証明書は、特別受益があるといった事情により「自分には相続分がない」ことを証明するに過ぎず、借金などのマイナスの財産も含めて相続を否定する相続放棄とは意味が異なります。相続分皆無証明書を作成しても、借金などは法定相続分に応じて弁済

相続人である子が相続放棄をした場合の相続分の例 ……………

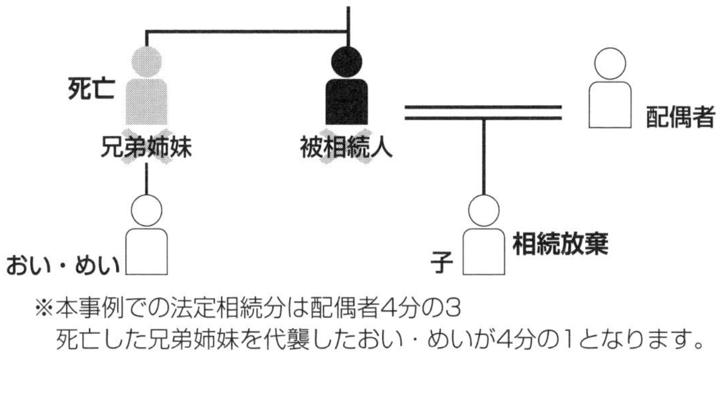

※本事例での法定相続分は配偶者4分の3
死亡した兄弟姉妹を代襲したおい・めいが4分の1となります。

義務を負担することに注意しなければなりません。借金などの負担を免れたいのであれば、相続放棄をすることが必要です。

■相続分皆無証明書の偽造

相続分皆無証明書は紙と実印があれば比較的簡単に作成できることから、無断で相続分皆無証明書が作成されたり（相続分皆無証明書の偽造）、他の不動産の相続登記のために作成した相続分皆無証明書が流用されることがあります。相続分皆無証明書を作成する際は、相続を否定する対象不動産を明記することが大切です。

登記申請を受け付ける法務局は、偽造や流用であっても書類の記載や押印（本人の実印が押してあればよい）に不備がなければ、書類に記載された名義人が自分の相続分を否定したとみなしますから、名義人を除く他の相続人の名義で相続登記が行われてしまいます。もっとも、偽造した書類を添付した不正の登記は無効であることはいうまでもなく、刑法上の有印私文書偽造および同行使罪になります。

この場合、偽造された側の相続人（名義人）が、身内として刑事事件にはしたくないとすれば、民事事件として自分を含めた相続登記をさせるための手続き（所有権移転登記、真正な登記名義の回復、抹消登記の手続きなど）を求めます。遺産分割協議が終わっていなければ、是正を求めることもできますし、相続回復請求権（自分の相続分を回復するための権利）の対象になることもあります。

■ 相続放棄の手続き

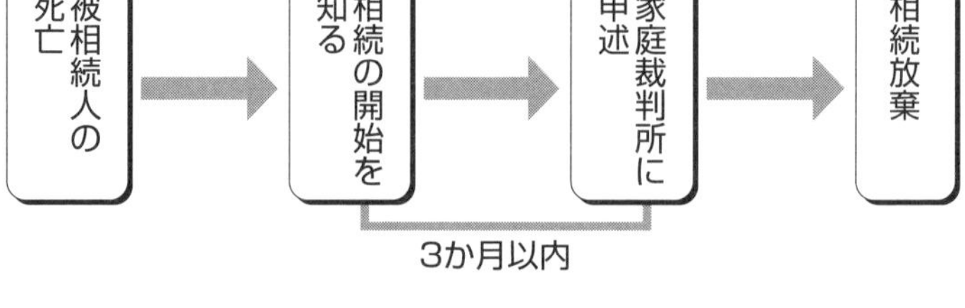

10 相続の承認について知っておこう

相続財産にはマイナスもある

相続財産（遺産）には、積極財産（プラスの財産）と消極財産（マイナスの財産）があります。たとえば、住宅ローンで家を買った場合は、家が積極財産、住宅ローンの残高が消極財産です。「家は相続するが、住宅ローンはいやだ」などというわがままは許されません。

相続人は、プラスの財産だけでなく、マイナスの財産も相続の対象になる（包括承継）ということを十分理解して、被相続人の相続財産を相続するのか、それとも放棄するのかを決める必要があります。

相続するかどうかの選択

借金などの債務も消極財産として相続財産に含まれますから、被相続人の死亡によって、相続人は積極財産だけでなく、消極財産である債務も承継します（包括承継）。しかし、遺族が多額の借金を背負っていかなければならないのはいささか酷な話です。

そこで、民法は相続財産を受け入れるか否かを、相続人の自由な選択に任せることにしています。債務も含めた相続財産をすべて受け入れることを相続の承認といいます。一方、債務はもちろん積極財産の受入れもすべて拒否することを相続放棄といいます。

相続の承認の種類

相続の承認には単純承認と限定承認があります。単純承認は、相続財産を債務を含めて無条件かつ無制限にすべて相続することを認める場合です。一般に「相続する」というのは、単純承認のことを指します。

単純承認した場合には、被相続人の権利義務をすべて引き継ぐのが原則です（包括承継）。たとえマイナスの財産（義務）であっても、相続分の割合に応じて責任を負います。具体的には、相続人には相続債務（被相続人が負担していた債務）の弁済義務が生じます。なお、以下の３つのいずれかの場合には、単純承認をしたとみなされます。

① 相続人が相続開始を知った時から３か月以内に限定承認または相続放棄をしなかった場合

② 相続人が相続財産の全部または一部を処分した場合（短期賃貸借と保存行為は除く）

③ 相続人が消極財産を相続しないために相続放棄や限定承認をした後であっても、相続財産の全部あるいは一部を隠匿したり消費した場合、または悪意で財産目録中に相続財産を記載しないなどの不正行為をした場合

条件つきで相続するのが限定承認

相続によって得た積極財産の範囲内で、被相続人の消極財産を負担するという条件つきの相続を限定承認といいます。限定承認は、負債額が不明な場合などに申し立てると、予想以上の借金などの債務を相続するリスクを回避できます。

限定承認が認められると、相続人は、相続財産だけでは相続債務の弁済について不足分があっても、自分の財産から弁済する義務はありません。ただし、限定承認の場合も、債務はいったん全部引き継ぎます。債務自体を引き継がない相続放棄とは違い、債務の弁済義務や強制執行（裁判所が権利者の権利内容を強制的に実現する手続き）が相続財産の範囲に限定される、というのが限定承認の特徴です。

また、債務超過であるとしても、相続財産の中にどうしても手放したくない自宅などの財産がある場合は、限定承認を選択することが考えられます。限定承認においては、相続人が優先的に相続財産を買い取る権利（先買権）が認められており、家庭裁判所が選任した鑑定人

の鑑定価格以上を支払えば、競売に参加することなく、優先的に自宅など特定の財産の所有権を取得できるというわけです。

限定承認については、相続人全員が一致して行わなければならないことに注意が必要です。したがって、１人でも「単純承認だ」という相続人がいる場合は、他の相続人も限定承認ができません。一方、相続人の中に相続放棄をした人がいる場合は、その人を除く全員が合意すれば限定承認ができます。

限定承認をするときは、相続開始を知った日から３か月以内に、家庭裁判所に対し「相続限定承認申述書」を提出します。財産目録に記載漏れなどがあった場合には、単純承認したものとみなされる場合があるので気をつけましょう。限定承認が認められると、家庭裁判所によって相続財産清算人（従来の相続財産管理人のこと。令和５年４月施行の民法改正により、その名称が変更された）が選ばれ、清算手続きをすべて行います。相続財産清算人には、相続人のうちの１人が選任されます。

■ 限定承認の手続き

限定承認

申述書	家庭裁判所に備え付けの「相続の限定承認の申述書」の用紙に必要事項を記入して作成する。
申述先	相続開始地（被相続人が死亡した住所地）を管轄する家庭裁判所
申述する人	相続人全員。 相続放棄をした人がいる場合はその人を除く全員
期　限	自己のために相続の開始があったことを知った時から３か月以内。ただし、相続財産の調査に時間がかかるような場合は家庭裁判所に３か月の期間伸長の請求をすることも可能
添付書類	被相続人の戸籍謄本（除籍を含む）、相続人全員の戸籍謄本、財産目録、相続人全員の印鑑証明書

11 特別受益を受けると相続分はどう変わるのか

特別受益とは

相続人が被相続人から特別に財産をもらうことを特別受益といいます。特別に財産をもらった相続人が特別受益者です。そして、相続開始時の財産（遺贈を含む）に特別受益にあたる贈与（生前贈与）を加えたものが全相続財産（みなし相続財産）となります（これを特別受益の「持戻し」といいます)。その上で、相続人間の公平性を図るために、全相続財産を基準として具体的相続分を計算します。特別受益を受けた相続人の具体的相続分を計算する際には、特別受益を前渡し分として差し引きます（次ページ図)。

ただし、被相続人が遺言で特別受益を差し引かないと決めていた場合は、その遺言に従うことになります。このとき、特別受益が遺留分を侵害していれば、遺留分を有する相続人は、特別受益者に対して遺留分侵害額請求を行うことが可能です（68ページ)。

特別受益に該当する贈与や遺贈

特別受益に該当するものとして、①相続人が婚姻または養子縁組のために受けた贈与があります。結婚資金の贈与などが該当します。

また、②相続人が生計資金として受けた贈与も該当します。住宅の購入資金の援助や特別な学費など、他の相続人とは別に、特別にもらった資金などが含まれます。ただし、新築祝いなどの交際費の意味合いが強いものや、その場限りの贈り物などは含まれません。

さらに、③相続人が受けた遺贈も特別受益に該当します。贈与の場合と異なるのは、遺贈がすべて特別受益に該当する点です。なお、遺贈された財産は、相続開始時まで被相続人に帰属していたものなので、相続開始時の財産に含むものとして扱われます（下図）。

贈与や遺贈が多すぎる場合はどうか

特別受益にあたる贈与や遺贈が多すぎると、計算上の具体的相続分がマイナスとなる場合がありますが、この場合は自らの具体的相続分がゼロになるだけです。被相続人の自由意思による贈与や遺贈は、特別受益に該当するとしても、遺留分に反しない限り尊重されます。

居住用不動産の贈与・遺贈に対する「持戻し免除の意思表示」の推定に関する改正

被相続人が、自分の死後、残された配偶者が安心して暮らしていけるように、居住用不動産を贈与・遺贈するケースがあります。被相続人から相続人である配偶者が居住用不動産の贈与・遺贈を受けることは「特別受益」に該当します（前ページの②・③に該当します）。そ

特別受益者の具体的相続分の算定方法

（ 特別受益にあたる贈与 ＋ 相続開始時の財産 ）× 相続分（民法900条～902条）

みなし相続財産（＝全相続財産） － 特別受益 ＝ 具体的相続分

（設　例）

被相続人Ａの子ＢＣＤの３人が相続人として存在し、相続財産が1000万円ある場合に、ＢがＡから200万円の特別受益にあたる生前贈与を受けていたときは、ＢＣＤの具体的相続分はいくらとなるか。

相続開始時の財産 1000万円	Ｂの受けた贈与 （特別受益）200 万円

みなし相続財産

Ｂの具体的相続分：(200 万円＋1000 万円) × $\frac{1}{3}$ － 200 万円 ＝ 200 万

Ｃ・Ｄの具体的相続分：(200 万円＋1000 万円) × $\frac{1}{3}$ ＝ 400 万

のため、特別受益を全相続財産に持ち戻した上で、それぞれの相続人の具体的相続分を計算することになります。

たとえば、妻A、子Bが相続人の場合で、被相続人から妻Aへ居住用不動産（評価額2000万円）が贈与され、相続開始時の財産は預貯金2000万円のみとします。ABの具体的相続分を算定する際は、贈与された居住用不動産2000万円も相続開始時の財産に含めて計算しますので、「居住用不動産2000万円＋預貯金2000万円＝4000万円」が全相続財産となります。そして、4000万円を法定相続分に応じて分配すると、Aは2000万円、Bは2000万円となる結果、Aの具体的相続分は特別受益（2000万円）を控除した「ゼロ円」となるので、Aは預貯金をまったく相続できません。これでは、居住用不動産を確保できても、その後の生活に支障をきたしかねません。

平成30年（2018年）に成立した相続法改正では、Aのような生存配偶者の生活保障を図る趣旨から、婚姻期間が20年以上の夫婦間でなされた贈与・遺贈のうち居住用不動産（建物やその敷地）については「持戻し免除の意思表示」があったと推定する規定が置かれました。つまり、居住用不動産の贈与・遺贈については、原則として居住用不動産の価額（特別受益）を持ち戻して計算する必要はないことになります。

本ケースでも、夫から妻Aに生前贈与された居住用不動産2000万円の持戻しは不要となりますので、全相続財産は「預貯金2000万円」となるとともに、特別受益の控除も行われませんので、妻Aは1000万円を相続します。これにより、生存配偶者の最終的な相続財産の取得分が増加しますので、生活の安定が図られるというわけです。

12 寄与分を受けると相続分はどう変わるのか

財産形成に対する特別な貢献を評価する

相続人には相続分の他に寄与分という取り分があり、相続分に加えられることがあります。寄与分とは、被相続人の財産の維持または増加に「特別の寄与」（財産形成に対する特別な貢献）をした相続人（寄与者）に対して、本来の相続分とは別に、寄与分を相続財産の中から取得できるようにする制度のことです。

寄与分制度は、特別受益者の相続分と同様に、法定相続分の計算方法を修正して、相続人同士の実質的な公平を図るための制度です。

たとえば、配偶者としての貢献や親孝行などは、特別の寄与とは認められず、寄与分制度の対象になりません。しかし、被相続人に事業資金を提供したことで被相続人が倒産を免れた場合や、長期療養中の被相続人の看護に努めたことで被相続人が看護費用の支出を免れた場合などは、特別の寄与と認められ、寄与分制度の対象となります。

また、現行法上寄与分は相続人だけに認められる制度ですから、相続人でない人には寄与分が認められません。ただし、寄与分とは異なりますが、相続人がいない場合に、被相続人と生計を同じくしていた者（内縁関係の夫・妻など）や、被相続人の療養看護に努めた者などが「特別縁故者」（64ページ）に該当するとして、家庭裁判所の審判により、遺産の一部または全部の取得が認められることがあります。

寄与分の具体的な計算方法

寄与分の算出方法は、まず、相続財産の総額から寄与分を差し引いた「みなし相続財産」を決定します。次に、みなし相続財産を相続分に応じて分けて、寄与分は寄与者に与えます（次ページ図）。

たとえば、妻と長男、二男、長女の４人が相続人で、相続財産が2000万円、長男の寄与分が200万円である場合は、下記のように、寄与者である長男の相続分は500万円となります。

・相続財産…………2000万円－200万円＝1800万円
・妻の相続分………1800万円×２分の１＝900万円
・長女の相続分…（1800万円－900万円）×３分の１＝300万円
・二男の相続分…（1800万円－900万円）×３分の１＝300万円
・長男の相続分……300万円（本来の相続分）＋200万円（寄与分）＝500万円

なお、寄与分の割合について特段の定めはありませんが、相続財産の総額から遺贈の価額を控除した額を超えることはできません。

相続人以外の者の特別の寄与について

寄与分制度は、相続人だけを対象とする制度であるため、次のようなケースにおいて、不都合が生じる場合があります。たとえば、父Ａが亡くなり、Ａには相続人として子Ｂと子Ｃがいて、Ｃの妻ＤがＡの

寄与分のしくみ

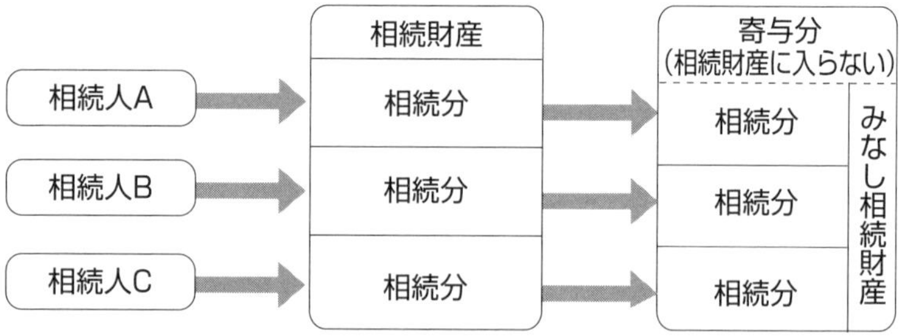

※寄与が認められた相続人Aは寄与分＋相続分を受け取ることができる

生前の療養看護を担当していたという場合を考えてみましょう。

仮にAの財産が1000万円であったとすると、法定相続分に従うならば、相続人BとCが各500万円ずつを相続します。しかし、日常生活におけるAの世話を見てきたのはDであるにもかかわらず、DはAの相続に関して、何らかの主張ができないのでしょうか。

被相続人を献身的に介護したり、被相続人の家業に従事したりするなどして被相続人の財産の維持や増加に特別な貢献をした場合は、その貢献を寄与分として考慮して、相続分に上乗せすることが認められています。しかし、寄与分が認められるのは相続人に限定されるため、たとえ相続人の妻が被相続人を献身的に介護しても、その貢献は寄与分として認められません。したがって、本ケースにおけるDは、寄与分を主張することはできません（Dの貢献を相続人Cの貢献と考えて、相続人Cの寄与分として認められる可能性はあります）。

こうした不公平な取扱いを是正するため、平成30年（2018年）の相続法改正では、本ケースのDのように、相続人でない被相続人の親族が、無償で被相続人の療養看護などの労務の提供を行い、被相続人の財産の維持・増加に特別の寄与をした場合、そのような親族を特別寄与者として扱い、相続人に対して、相当額の金銭（特別寄与料）の支払いを請求できるとする規定が置かれました。

特別寄与料の請求ができるのは「相続人でない被相続人の親族」です。具体的には、①6親等内の血族、②配偶者、③3親等内の姻族を指しますが、相続人、相続放棄をした者、相続欠格に該当する者、廃除された者は除外されます。本ケースのDは、③（1親等の姻族）にあたるので、相続人B・Cに特別寄与料の支払いを請求できます。

また、相続法改正では、当事者間で特別寄与料についての協議が調わない場合は、家庭裁判所に処分の請求（特別寄与料を定める請求）をすることができるという規定も置かれました。

Q どんな場合に特別縁故者となるのでしょうか。

A 一連の手続きにより相続人の不存在が確定した場合には、特別縁故者への相続財産の分与があります（民法958条の３）。特別縁故者とは、被相続人と一定の特別の縁故があった人のことです。内縁関係の夫や妻、生計を同じくしていた者、療養看護に努めた者などがこれにあたるとされています。

特別縁故者は、財産分与請求の申立てを家庭裁判所に起こすことができます。申立てができるのは、相続人不存在の公告期間（６か月）の満了後３か月以内です。

特別縁故者への財産分与の手続きは、特別縁故者からの申立てにより、被相続人の住所地の家庭裁判所が、特別縁故者の種類、財産内容、縁故の度合い、生活状況など一切の事情を考慮して、分与を認めるか否かと、分与を認める場合は、その内容、程度を決めることになります。

なお、相続人不存在で、贈与、死因贈与、遺贈もなく、その他の債権者がまったくいないときは、残余財産が生じる場合があります。この場合、特別縁故者への財産分与が認められないときは、残余財産は国庫に収納されます。

■ 特別縁故者とは

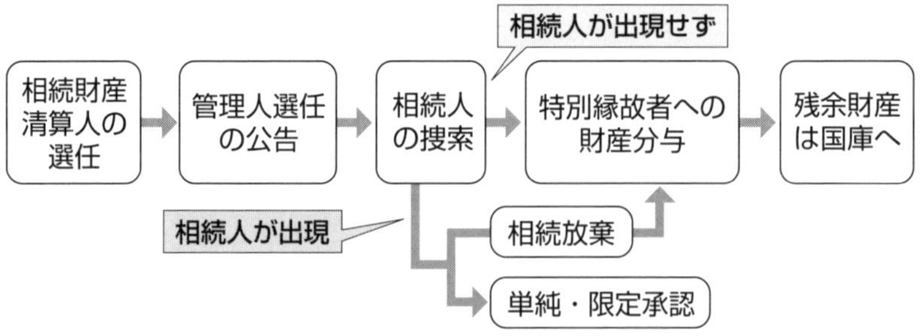

13 遺留分について知っておこう

■ 指定相続と遺留分

遺言による相続分の指定や遺贈、さらに生前贈与は、被相続人（遺言者）の自由ですが、すべての財産を被相続人が勝手に他人に譲渡してしまうようなことがあれば、残された相続人の生活や相続への期待が守られません。そこで、兄弟姉妹以外の相続人（遺留分権利者）には、遺言によっても影響を受けない遺留分（法律上決められている最低限の相続できる割合）が保障されています。

遺留分権利者全体に保障された遺留分（総体的遺留分）は、直系尊属だけが相続人の場合は相続財産の３分の１、それ以外の場合は相続財産の２分の１です。遺留分権利者が複数いる場合は、法定相続分に基づく各人の遺留分（具体的遺留分）を決めます。

■ 遺留分算定の基礎となる財産

遺留分を算定する場合、その算定の基礎となる財産（基礎財産）を確定することが必要です。基礎財産は「相続開始時の財産（遺贈された財産を含む）＋生前に贈与した財産－借金などの債務」という計算式によって求めます。ただし、「生前に贈与した財産」は、相続人以外の人に対する贈与か、相続人に対する贈与かによって、遺留分の算定の基礎となる財産に含まれるかどうかの判断基準が異なります。

まず、相続人以外の人に対する贈与は、①相続開始前の１年間にした贈与と、②相続開始の１年前の日より前にした当事者双方が遺留分権利者に損害を与えることを知った上での贈与が含まれます。

一方、相続人に対する贈与は、③相続開始前の10年間にした特別受益となる贈与と、④相続開始の１年前の日より前にした当事者双方が遺留分権利者に損害を与えることを知った上での贈与が含まれます。後述するように、相続人への贈与は①について改正がありました。

遺留分算定方法の見直しについて

改正前は、相続人に対する贈与については、特別受益にあたるものであれば、贈与の時期を問わず算入するのが判例の考え方でした。

たとえば、被相続人Ａの相続人が妻Ｂと子Ｃであった場合、相続開始時の財産は０円ですが、Ａは30年前に1000万円を生計の資本としてＣに贈与しており、相続人以外のＤには400万円を遺贈していたとします。改正前は、30年前の贈与も特別受益であれば基礎財産に含めるので、Ｂの遺留分は「(1000万円＋400万円) ×1/4＝350万円」となります。遺留分は「遺贈→贈与」の順に遺留分を侵害する範囲で効力が否定されるので、Ｂが遺留分減殺請求権を行使すると、Ｄは50万円しか取得できませんでした。

しかし、30年前のＣへの贈与が特別受益に該当せず、基礎財産に算入されないとすれば、ＢとＣはそれぞれ「400万円×1/4＝100万円」の遺留分を侵害されたことになるので、双方が遺留分減殺請求権を行使しても、Ｄは200万円の取得が可能でした。

このような改正前の考え方では、被相続人が何十年も前に行った相続人に対する贈与の価額が基礎財産に算入されるかどうかによって、相続人以外の受遺者・受贈者が受ける減殺の範囲が大きく変わることになり、法的安定性が害される危険性がありました。

そこで、平成30年 (2018年) の相続法改正では、相続人に対する贈与は、原則として「相続開始前の10年間にした特別受益となる贈与」に限定する旨が明文化されました。これにより、前述の事例で30年前のＣへの生前贈与は、贈与に関わった者が意図的に遺留分権利者に損害を与えることを意図しない限り、遺留分算定の基礎財産から除かれます。

また、負担付贈与がなされた場合、遺留分算定の基礎財産に算入するのは、その目的の価額から負担の価額を控除した額となります。

さらに、不相当な対価による有償行為（著しく廉価な価額で売却する行為など）がなされたときは、当事者双方が遺留分権利者に損害を与えることを知っていた場合に限り、不相当な対価を負担の価額とする負担付贈与がなされたとみなします。

以上をまとめると、相続法改正においては、遺留分侵害額を求める計算式を以下のように明文化したということができます。

・遺留分額＝「遺留分算定の基礎財産の額」×「総体的遺留分」×「遺留分権利者の法定相続分」
・遺留分侵害額＝「遺留分額」－「遺留分権利者が受けた特別受益の額」－「遺留分権利者が相続で取得した積極財産の額（遺贈分を含む）」－「遺留分権利者が相続により負担する債務の額」

受遺者等が相続債務を消滅させる行為をした場合

被相続人の事業を承継するため、債務を含めてすべての財産を承継した特定の相続人に対し、他の相続人が遺留分侵害額請求権を行使したとします。たとえ特定の相続人がすべて承継することになっても、相続債権者は、各相続人に対し法定相続分に応じた相続債務の弁済を請求できるため、遺留分権利者も相続債務を負っています。

相続法改正では、受遺者等（受遺者や受贈者）が相続債務を弁済するなどして相続債務を消滅させた場合、受遺者等は、消滅した相続債務額の限度で、遺留分権利者に対し、遺留分侵害額請求権の行使により負担した金銭債務の消滅を請求できることが規定されました。

14 遺留分が侵害された場合や遺留分の放棄について知っておこう

遺留分侵害額請求とは

遺留分が侵害されたとわかった場合、遺留分権利者は、遺贈や贈与を受けた相手方（受遺者や受贈者）に対して、自らの遺留分の回復を請求することができます。遺留分権利者が侵害された遺留分の回復を請求することを遺留分侵害額請求といいます。相続法改正に伴い「遺留分減殺請求」から名称が変更されました。遺留分権利者が遺言どおりでよいと考えるのであれば、遺留分侵害額請求をしなくてもかまいません。

遺留分侵害額請求をするとの意思を示す方法については、とくに決まりはなく、遺留分を侵害している相手方に対して、遺留分侵害額請求権を行使する意思表示をすれば足ります。

遺留分侵害額請求は、まず遺贈について行い、それでも遺留分の侵害が解消されない場合は贈与（生前贈与）について行います。贈与については「後の贈与」（一番新しく行われた贈与）から順番に、遺留分の侵害が解消されるまで、遺留分の回復が行われます。

なお、相続人に対する特別受益に該当する贈与は、相続分の前渡しとみなされます。この場合の贈与は、原則として10年前までの贈与が遺留分侵害額請求の対象となりますが（相続法改正前は期間の制限なく減殺の対象でした）、他の相続人の遺留分を害することを知りながら贈与した場合に限るという制限はありません。

遺留分侵害額請求権の消滅

遺留分侵害額請求は、遺贈を受けた人（受遺者）や、贈与（生前贈与）を受けた人（受贈者）に対して、その権利（遺留分侵害額請求権）を行使するという意思表示をすれば、遺留分侵害額請求権を行使したことになります。

遺留分侵害額請求権の行使期間は１年間です。この「１年間」の計算については、相続開始および遺留分を侵害する贈与や遺贈があったことを知った日から数え始めます。ただし、相続開始または遺留分を侵害する贈与や遺贈があったことを知らずにいたとしても、相続開始日から10年を経過したときは、遺留分侵害額請求権が消滅します。

どのように遺留分侵害額請求を行うのか

遺留分侵害額請求をしたい遺留分権利者は、各自で意思表示をしなければなりませんが、時効による権利消滅を防ぐため、通常は配達証明付内容証明郵便で請求します。その場合、遺留分を侵害している受遺者や受贈者の全員に対して送付します。交渉が困難な場合は、家庭裁判所の調停や、訴訟の提起を通じて請求することになります。

遺留分侵害請求の対象となる財産が複数ある場合は、請求の順序が決まっています。つまり、まず遺贈について行い、それでも不足している（遺留分の侵害が解消されない）ときに贈与（生前贈与）について行います。贈与が複数行われていた場合は、一番新しく行われた贈与から行います。一方、遺贈が複数ある場合で、遺贈のみで遺留分の侵害が解消されるときは、遺贈全体について財産の取戻し対象となる財産の価格に応じて請求を行います。

なぜ遺留分減殺請求権が見直されたのか

平成30年（2018年）の相続法改正では、遺留分減殺請求権の見直しが行われました。

たとえば、次の事例を考えてみましょう。夫Ａが死亡し、Ａには妻Ｂと子Ｃがいた場合、Ａの財産として建物（2000万円相当）だけがあるときは、法定相続分に従うと、相続人であるＢとＣは、建物を持分

２分の１ずつの割合で持ち合い、共有関係に入ります。しかし、Aが生前に「建物はすべてCに相続させる」という内容の遺言を遺していた場合、Aの死後、建物はすべてCが相続します。この場合、Bは、Aの死後に受け取ることができたはずである建物の２分の１の持分を、Aの遺言によって侵害されたとみることができます。

改正前は、遺留分減殺請求権を行使すると、遺贈や贈与は遺留分を侵害する限度で失効し、原則として減殺された限度で、その財産は遺留分権利者のものとなりました。前述した事例では、Bが遺留分減殺請求権を行使すると、建物について４分の１（Bの個別的遺留分が４分の１だからです）の持分を取得し、残り４分の３の持分をもつCとの間で共有関係に入ります。

ところが、改正前の遺留分減殺請求権は、前述した事例のように相続財産が不可分な不動産などである場合、当然に不動産などの所有権について相続人同士の共有関係に入ることを強制します。そのため、事業用の不動産を相続する場合などに、単独の相続人（後継者）が事業を継続するのに支障が生じるといった不都合が指摘されていました。

そこで、相続法改正では、遺留分減殺請求権を「遺留分侵害額請求権」に改めた上で、金銭による解決を図ることにしたわけです。

相続法改正による遺留分侵害額請求権については、これを行使しても遺留分権利者に財産の所有権は帰属せず、ただ遺留分侵害額相当の金銭債権が発生することになります。つまり、遺留分権利者が遺留分侵害請求権を行使しても、遺留分権利者は、受遺者や受贈者に対して、財産の返還を請求することはできず、遺留分侵害額に相当する金銭の支払いを請求できるにとどまるわけです。

そのため、69ページの事例でBが遺留分侵害額請求権を行使しても、建物の所有権はCの単独所有のままで、Cは、Bに対して、Bの遺留分侵害額相当である500万円の支払義務を負担するにとどまります。これにより、権利関係が複雑になることもありませんし、Cが建物を用いてＡの事業を承継する場合にもスムーズに承継ができます。

なお、相続法改正では、受遺者や受贈者が遺留分侵害額請求による金銭債務の支払いに応じられない場合は、裁判所に請求することで、相当期間支払の猶予を受けられるしくみも整えられました。

遺留分の放棄には家庭裁判所の許可が必要

遺留分権利者は、被相続人の生前に遺留分を放棄することもできます。その場合、家庭裁判所の許可が必要になります。

たとえば、ある人が生前に、配偶者に主要な財産を残したいと思った場合には、相続人になる見込みの人たちと話し合って遺留分を放棄してもらう方法があります。つまり、遺留分の放棄は、被相続人の遺言が遺留分権利者の遺留分を侵害することが明らかである場合、その遺言の効力を有効にするためのものだといえます。

被相続人の生前に遺留分を放棄したい場合は、遺留分権利者が自ら家庭裁判所に対し「遺留分放棄許可審判申立書」を提出して、遺留分

ケース別で見る遺留分権利者の遺留分

	配偶者	子	直系尊属	兄弟姉妹
①配偶者と子がいる場合	$\left(\frac{1}{4}\right)$	$\left(\frac{1}{4}\right)$		
②子だけがいる場合		$\left(\frac{1}{2}\right)$		
③配偶者と父母がいる場合	$\left(\frac{1}{3}\right)$ ※1		$\left(\frac{1}{6}\right)$ ※2	
④父母だけがいる場合			$\left(\frac{1}{3}\right)$	
⑤配偶者だけがいる場合	$\left(\frac{1}{2}\right)$			
⑥配偶者と兄弟姉妹がいる場合	$\left(\frac{1}{2}\right)$			(0)
⑦兄弟姉妹だけがいる場合				(0)

※1　1/2（総体的遺留分）×2/3（配偶者の法定相続分）＝1/3
※2　1/2（総体的遺留分）×1/3（直系尊属の法定相続分）＝1/6

放棄の許可を得なければなりません。被相続人の生前に自由な遺留分の放棄を認めると、被相続人や他の推定相続人により強制的に遺留分を放棄させられるおそれがあるため、遺留分の放棄が本人の真意に基づくものであるかどうか、遺留分権利者の利益を不当に害するものでないかどうかを家庭裁判所で審理してもらうことにしています。

申立書が提出されると、家庭裁判所は審問期日に放棄を申し立てた本人の出頭を求め、審判官（裁判官）が真意を審問します。具体的には、遺留分とその放棄についての質問があります。そして、放棄が遺留分権利者の自由意思によるものかどうかや、放棄する理由などについての質問があります。放棄の理由が妥当と判断されれば、遺留分放棄の審判があり、審判書が交付されます。この審判に異議を申し立てることはできません。

■ 相続開始後の遺留分の放棄

相続開始後は、遺留分を自由に放棄することができます。遺留分の放棄の方法については、特段の規定がありませんので、遺留分を放棄する旨を遺産分割協議の場で意思表示をしても有効です。

ただし、相続財産（遺産）の存在など事実関係の認識を誤ったり、他の相続人により騙されて遺留分を放棄した場合には、遺留分の放棄も含めた遺産分割協議の無効などが問題になる場合があります。

■ 遺留分放棄をするには

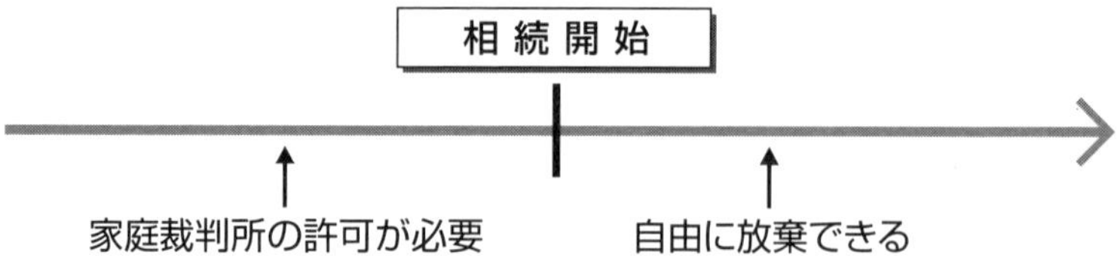

第2章

遺産と遺産分割手続きの法律問題

1 遺産の範囲について知っておこう

遺産の調査が必要な場合もある

相続が発生しても、特定の相続人だけが遺産を把握しており、他の相続人が遺産内容を把握できない場合があります。相続税の共同申告を行えば、遺産内容を把握できますが、相続税は各自で申告もできます。この場合は、特定の相続人から遺産内容を教えてもらい、相続税申告書があればそれを開示してもらうようにします。しかし、相続税申告書や遺産の開示を拒否された場合は、自分で調べるより他ありません。不動産については、名寄せ台帳（固定資産課税台帳）を閲覧謄写し、預貯金や証券については、相続人として思い当たる銀行・証券会社に行って、相続人として開示請求をすることになります。

また、家庭裁判所の遺産分割調停の手続きでは、調停委員会を通じて粘り強く相続財産の開示を求めることもあります。しかし、家庭裁判所は、基本的には「当事者にわからないものは、裁判所にもわからないので、遺産探しはしない」というスタンスですから、調停の手続きで遺産探しをするのは難しいと認識してください。家事調査官が遺産調査をすることもあり得ません。家庭裁判所を通じて税務署に相続税申告書の開示を求めても、税務署は守秘義務を理由に開示を拒否します。相続税申告書の開示は、相手の協力がない限り不可能です。

遺産の範囲を確定するには

遺産分割をするには、まず被相続人の遺産は何か、つまり遺産の範囲を確定し、次に遺産の評価額を確定します。その上で、各相続人の具体的相続分（特別受益や寄与分を加味して算定される相続の割合のこと）を確定し、最後に誰がどの遺産を取得するかを決めます。

遺産分割の協議や調停においても、まず分割対象となる遺産の範囲を確定する必要があります。しかし、しばしば遺産の範囲について争うことがあります。とくに動産や無記名の証券など名義がはっきりしないものは争いが起こりがちです。不動産の所有権についても、登記をしていないケースなどでは、争いが生じることがあります。

たとえば、第三者との間で証券や土地所有権の帰属について争いが生じた場合、調停や訴訟などによって証券や土地所有権が被相続人に帰属することが確定して、初めて遺産として分割対象となります。

このような争いは、第三者との間に限らず、相続人同士でも生じる場合もあります。税金対策で名義変更していた場合は、その土地が遺産か特定の相続人の所有物かをめぐって争いになることもあります。

この場合、遺産分割の調停で遺産の範囲が合意できなければ、遺産分割の審判を待たずに調停を取り下げ、地方裁判所に遺産確認の訴訟を提起し、判決により遺産の範囲が確定した後に、再度、遺産分割調停を申し立てます。家庭裁判所も遺産分割の審判をする際に、遺産の範囲を判断しますが、その判断には拘束力がなく（審判では遺産の範囲が確定しない）、遺産の範囲は訴訟でしか確定できないからです。

これに対し、相続人全員が遺産分割の審判で遺産の範囲を判断することに同意し、家庭裁判所も判断可能と考えたときは、遺産分割の審判をする前提問題として、遺産の範囲を確定することになります。

■ **相続手続きに必要なこと**

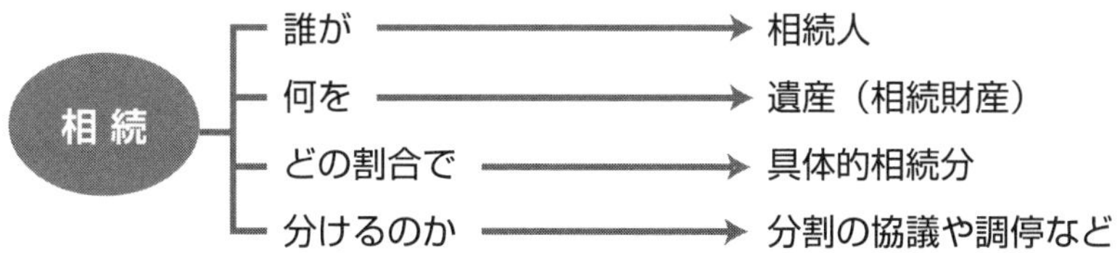

2 被相続人の預金口座をめぐる法律問題について知っておこう

被相続人の預金口座

金融機関に預貯金を有している人が死亡した場合、金融機関はその口座名義人が死亡したことを知った時点で、相続財産の移動を防ぐために、相続手続きが完了するまでの間、死亡した口座名義人の預金口座を凍結します。

預金口座が凍結されると、口座凍結が解除されるまで、原則として、その預金口座では預金の引き出しや預け入れといった入金・出金をすることができなくなるため、相続人は被相続人の預金を自由に引き出すことができなくなってしまいます。

なお、役所に死亡届を提出すれば自動的に金融機関の預金口座が凍結されるのではありません。一般的には、相続人が、口座名義人である被相続人が死亡した旨を金融機関へ連絡して口座凍結をしてもらうよう申し出ることが必要になります。

これに対して、金融機関が口座名義人である被相続人の死亡を知る前であれば、預金口座は凍結されないことから、相続人が自由に被相続人の預貯金を引き出すことができるようにも思えますが、これは認められません。預貯金は、遺産分割協議などによって、どの相続人に、どれだけの金額が帰属するのかが確定するまでの間は、相続人が勝手に被相続人の預貯金を引き出すことは、原則として許されないのです。そのため、被相続人の預金口座が凍結されていないからといって、相続人のうちの１人が勝手に預貯金を引き出した場合、他の相続人から引き出した金額を返還するように請求されればそれに応じる必要があります。

このように、被相続人の預貯金を勝手に引き出すと、相続人間でトラブルとなりますので、まずはすぐに口座凍結の申し出を行うようにしましょう。

口座凍結を解除するには

口座凍結は、原則として、相続手続きが完了するまでは解除することができません。具体的には、遺産分割協議または遺言書によって、相続財産がどのように分けられるかが決まってからでないと口座の凍結は解除されないのが原則です。そこで、①遺言書が存在し、遺言書に預貯金の分け方が記載されている場合と、②遺言書が存在しない場合の２つのケースについて説明しましょう。

まず、①遺言書が存在し、遺言書に預貯金の分け方が記載されている場合は、公正証書遺言や法務局で保管されていた自筆証書遺言を除いて、家庭裁判所で検認の手続きを経ることで、金融機関に口座凍結の解除の手続きをしてもらうことが可能となります。遺言書、検認が必要な場合には検認調書または検認済証明書、戸籍謄本などの書類を金融機関に提出することで、口座凍結が解除されます。

②遺言書が存在しない場合は、相続人の全員が参加する遺産分割協議を行って、相続財産の分け方を決めなければなりません。遺産分割協議がまとまれば、協議の内容が、相続人全員の署名・押印の上、遺産分割協議書に記載されます。この場合、遺産分割協議書や戸籍謄本などの書類を金融機関に提出することで、口座凍結が解除されます。

口座凍結解除前でも預貯金の一部の払戻しを受けることができる

前述のように、被相続人の預貯金の支払を受けるためには、相続手続きが完了して口座凍結を解除する必要があります。しかし、手もとにお金がなく、被相続人の葬儀費用が支払えないなど、緊急に金銭が必要となる場合も考えられます。口座凍結の解除の手続きに必要となる書類を用意するのは時間がかかりますし、さらに、金融機関に必要書類を提出したからといって直ちに口座凍結が解除されるわけではなく、解除まで通常２週間程度の時間がかかります。

このような緊急に金銭が必要なケースに対応するための制度として、預貯金の払戻し制度があります。これは、遺産分割前の口座凍結の解除前であっても、被相続人の預貯金の一部を引き出すことを認める制度です。

この制度には、以下のように、①金融機関に直接請求する方法と、②家庭裁判所を利用する方法があります。

①　金融機関に直接請求する方法

各相続人は、裁判所の判断を経ずに、直接金融機関の窓口で、一定額の預貯金の払戻しを受けることができます。ただし、引き出すことができる金額には上限が設けられています。具体的には、各相続人は、相続財産に属する預貯金の残高の３分の１に、払戻しを請求する相続人の法定相続分を乗じた額を上限として、被相続人の預貯金を引き出すことができます。

なお、同一の金融機関（同一の金融機関の複数の支店に相続預金がある場合はその全支店）から払い戻すことができる額は、150万円が上限となります。つまり、同一の金融機関からは、最高でも150万円までしか引き出すことができません。

たとえば、被相続人の預貯金残高が1800万円で、相続人として妻と２人の子がいるケースで考えてみましょう。各相続人が金融機関に請求することができる金額は、妻（法定相続分２分の１）については、1200万円×３分の１×２分の１＝300万円となり、150万円より大きいので、150万円となります。２人の子（法定相続分は各４分の１）については、それぞれ1800万円×３分の１×４分の１＝150万円ずつとなります。

②　家庭裁判所を利用する方法

金融機関に直接請求するよりも大きい金額を引き出したい場合には、家庭裁判所の判断によって払戻しを受ける方法をとることができます。

各相続人は、家庭裁判所に遺産分割の審判や調停が申し立てられている場合であれば、家庭裁判所へ申し立ててその審判を得ることによって、相続財産に属する預貯金の全部または一部を仮に取得することができ、金融機関から単独で払戻しを受けることができます。

このように、引き出すことができる金額は、家庭裁判所が仮取得を認めた金額となるため、金融機関に直接請求する場合の上限額を超える預貯金を引き出すことも可能となります。

ただし、家庭裁判所を利用して預貯金の払戻しを受けることができるのは、生活費の支弁等の事情によって相続財産に属する預貯金の仮払いの必要性が認められ、かつ、他の共同相続人の利益を害しない場合に限られます。

■ 預貯金の払戻し制度

【金融機関に直接請求する方法】

各相続人は、相続財産に属する預貯金の残高の３分の１に、払戻しを請求する相続人の法定相続分を乗じた額の払戻しを受けることができる

※ただし、同一の金融機関（同一の金融機関の複数の支店に相続預金がある場合はその全支店）から払い戻すことができる額は、150万円が上限

【家庭裁判所を利用する方法】

家庭裁判所に遺産分割の審判や調停が申し立てられている場合に、各相続人が家庭裁判所へ申し立ててその審判を得ることで、相続財産に属する預貯金の全部または一部を仮に取得し、金融機関から単独で払戻しを受けることができる

※ただし、生活費の支弁等の事情によって相続財産に属する預貯金の仮払いの必要性が認められ、かつ、他の共同相続人の利益を害しない場合に限られる

Q 遺産分割前に相続財産の一部が処分された場合の取扱いについて教えてください。

A 相続人が複数いる場合、遺産分割によって各相続人が相続する具体的な財産が確定するまでの間、遺産（相続財産）は共同相続人全員が「共有」することになります。「共有」とは、各共同相続人が、法定相続分に応じた持分の割合によって、それぞれ遺産を所有している状態のことです。

たとえば、共同相続人の一人が、遺産分割前に、共有状態にある相続財産の一部または全部を売却するなど処分した場合に、処分された財産は相続財産から逸失し、遺産分割の対象から外れると考えるのでしょうか。

たとえば、相続人が子Ａ、Ｂ、Ｃの３人（法定相続分は各３分の１）のみであり、遺産総額が3000万円であった場合、Ａ、Ｂ、Ｃはそれぞれ1000万円の遺産を相続することになります。ところが、Ａが遺産分割前に勝手に遺産900万円分を処分してしまったとします。

この事例において、Ａによって処分された財産は相続財産から逸失し、遺産分割の対象から除外されると考えると、遺産分割の対象となる財産は2100万円となります。そのため、Ｂ、Ｃは各700万円の遺産しか相続できないのに対し、Ａは先に処分した900万円に加えて、700万円をあわせた1600万円を相続することになり、不公平な結果となります。

このような場合に相続人間の不公平を生じさせないために、民法は、遺産分割前に財産が処分された場合についての規定を設けています。

●民法の規定

民法は、遺産分割前に処分された財産の処理について、次の２つの規定を設けています（906条の２）。

① 遺産分割前に遺産に属する財産が処分された場合であっても、相続人全員の同意により、当該処分された財産が遺産分割時に遺産と

して存在するものとみなすことができる。

② 相続人の１人または数人によって、遺産分割前に遺産に属する財産が処分されたときは、①について当該相続人の同意を得ることを要しない。

この民法の規定によって、前述の事例では、次のような処理がされることになります。

遺産分割前に財産を処分したＡの同意は不要であるため（②）、ＢとＣが同意すれば、Ａが勝手に処分した900万円を遺産分割の対象となる財産に含めることができます。その結果、遺産分割の対象となる遺産の総額は3000万円となり、これを法定相続分に応じて３等分すると、Ａ、Ｂ、Ｃは各1000万円を相続することになります。そして、Ａはすでに900万円を取得しているため、遺産分割においてＡが実際に取得できる遺産は100万円にとどまり、ＢとＣは各自1000万円ずつを取得できます。

■ 遺産分割前の財産の処分

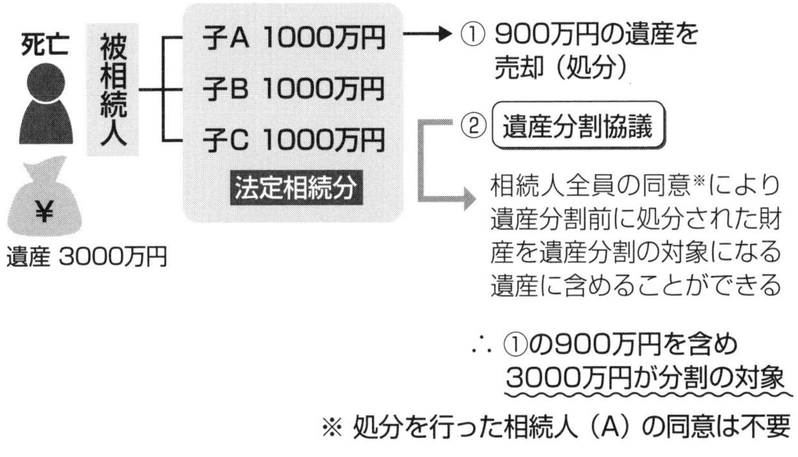

3 株式を相続した場合や被相続人の死亡退職金、生命保険金などについて知っておこう

株式を相続した場合

ある会社の株式を保有していた人が死亡した場合、その株式はどのように扱われるのでしょうか。

死亡した被相続人が保有していた株式は、遺言書や遺産分割協議によって、その株式が相続人の間でどのように分けられるのかが決まるまでの間は、各相続人が共有する状態（法律的には「準共有」という状態）となります。この共有の状態の間は、被相続人の株式は各相続人の共有物であるということになるので、各相続人は株式を勝手に売ったりすることはできません。

そこで、被相続人が保有していた株式について、遺言書または遺産分割協議によって相続人の誰が引き継ぐことになるのかが決まった後に、相続人は、株主の名義変更の手続きを行う必要があります。具体的には、株式を発行している会社に対し、株式を相続した旨を連絡し、株主名簿の名義書き換えを依頼することになります。

名義書き換えの手続きに際しては、遺言書または遺産分割協議書の他、被相続人の戸籍謄本、相続人全員の戸籍謄本・印鑑証明書などの書類が必要となります。被相続人の株式を引き継ぐことになった相続人の分だけ戸籍謄本や印鑑証明書を用意すればよいのではなく、被相続人の全員分の戸籍謄本・印鑑証明書が必要になることに注意しましょう。

相続した株式が上場株式の場合は、取引をしている証券会社を通じて名義書き換えの手続きを行います。

これに対し、相続した株式が非上場株式の場合は、その株式を発行している会社に連絡をして、名義書き換えの手続きを行うことになり

ます。株式発行会社が株式名簿管理人を置いている場合には、株主名簿管理人に連絡をして名義書き換えの手続きを行います。

■死亡退職金について

死亡退職金とは、被相続人が在職中に死亡した場合に支給される被相続人の退職金です。一般的に、死亡退職金は、会社の規程などによって、遺族が受取人として指定されています。

死亡退職金については、最高裁判所の判例によれば、会社の規程によって受給権者が詳細に定められていて、それが相続人の範囲と異なる場合には、相続財産には該当せず、受給権者の固有の権利であるとされています。受給権者を定める規程がない場合は、相続財産に該当するかどうかについては見解が分かれていますが、この場合にも死亡退職金は相続財産に該当しないと判断した判例があります。

■死亡慰労金・年金について

被相続人が在職中に死亡した場合、遺族に対して、死亡退職金ではなく死亡慰労金や年金を支給すると定めている会社もあります。死亡慰労金や年金については、会社の就業規則などの定めで、受取人を指定していることが多く、その場合は、死亡慰労金や年金が遺産ではなく指定された受取人の独自の権利となります（保険金受取人の指定がある場合と同じです）。指定する受取人については、遺族の生計を維持するため、配偶者や遺児とする場合が多いようです。

■ 株式を相続した場合の手続き

上 場 株 式 ➡ 証券会社を通じて名義書き換えの手続きを行う

非上場株式 ➡ 株式の発行会社または株式名簿管理人を通じて名義書き換えの手続きを行う

つまり、退職金が死亡の有無にかかわらず、本人の退職時に支給される制度の場合には、前述したように支給先の定めがない限り、本人の死亡後（死亡により退職と扱われます）は遺産となって、遺産分割の対象になります（可分債権として相続分に応じた債権になります）。

一方、死亡慰労金などとして受取人が定まっている場合には、その受取人固有の権利であり、本人の遺産には含まれないので、死亡慰労金などに関して相続の問題は生じないといえます。

なお、通常は、被相続人が勤務していた会社の社内規程（就業規則や退職金規程など）に基づいて退職金や死亡慰労金の金額が算定され、支払われることになるため、相続人としては手続きが不要の場合が多いと思われます。ただし、支払を受けるために一定の書類などが必要となる場合もあることから、会社の担当者に必要な手続きや書類についてしっかりと確認することが大切です。

生命保険金について

被相続人の死亡により保険会社から支払われる生命保険金は、受取人固有の財産とみなされますので、相続財産には含まれないのが原則です。そのため相続放棄をした人であっても、生命保険金は受け取ることができます。

ただし、契約者である被相続人が受取人として指定されている場合は、被相続人は自己のために生命保険契約を締結したものと考えられますので、保険金請求権は相続財産に組み込まれ、遺産分割の対象となります。

なお、受取人固有の財産とされる場合であっても税法上、生命保険金や死亡退職金は、その金額が「500万円×法定相続人の数」を超える場合には、みなし相続財産として相続税が課税されますので注意が必要です。

Q 配偶者の居住権を短期的に保護する配偶者居住権とはどんな制度なのでしょうか。

A 被相続人が所有していた不動産が、被相続人とその配偶者の住居であった場合には、残された配偶者の居住権をめぐって問題になることがあります。

たとえば、Ａさんが死亡した時に、Ａさんには相続人として妻Ｂさんと子Ｃさんがおり、Ａさんの遺産はＡさんが所有する住居とその敷地（土地）のみであり、その住居にはＡさんとＢさんが同居していた、というケースで考えてみましょう。

このケースでは、「Ａの死後、Ａ所有の住居とその敷地は妻のＢにすべて相続させる」という内容のＡさんの遺言書が存在する場合には、この遺言書の内容のとおり、Ｂさんは、Ａさんの死後も引き続き、Ａさんと同居していた住居に住み続けることができます。

問題となるのは、まず、Ａさんが遺言書を作成していたものの、その遺言書は「Ａの死後、Ａ所有の住居とその敷地は子Ｃにすべて相続させる」という内容だった場合です。この場合、Ａさんの遺言のとおり、Ｃさんに住居と敷地を明け渡さなければならないとして、Ｂさんはそれまでの生活の基盤であった住居から、Ａさんの死亡後すぐに退去しなければならないのでしょうか。

また、Ａさんが遺言書を作成していなかった場合も問題となります。この場合、Ａさんの遺産についてＢさんとＣさんとの間で遺産分割協議の手続きを進めることになりますが、相続開始時であるＡさんの死亡時から遺産分割協議が終了するまでの間、Ｂさんは引き続き、Ａさんと同居していた住居とその敷地を使用し続けることが可能なのでしょうか。

これらの問題への対処については、民法が定めている配偶者短期居住権という制度によって解決されることになります。民法は、被相続人の生前の意思にかかわらず、最低でも相続開始時から６か月間は、生存配偶者は被相続人と同居していた住居およびその敷地を引き続き使用し続けることができるとしており、生存配偶者の居住権を保障しています。これを「配偶者短期居住権」といいます。

この配偶者短期居住権によって、先ほどのケースでは、生存配偶者であるＢさんは、遺産分割協議によって居住建物を取得する者が確定した日、あるいは相続開始時から６か月が経過する日のうち、どちらか遅い日までの期間、引き続き、Ａさんと同居していた住居に無償で居住することができます。

なお、この配偶者短期居住権の他、民法は、長期間にわたり生存配偶者の居住権を保障する制度（配偶者居住権）についても定めています。配偶者居住権とは、一定の場合に、相続開始時に被相続人の所有する建物に居住していた生存配偶者が、原則として自らが死亡するまでの間、その居住建物に無償で住み続けることができる権利です。存続期間は、遺言または遺産分割の定めによって、自らが死亡するまでの間よりも短い期間とすることができます。

■ 配偶者短期居住権

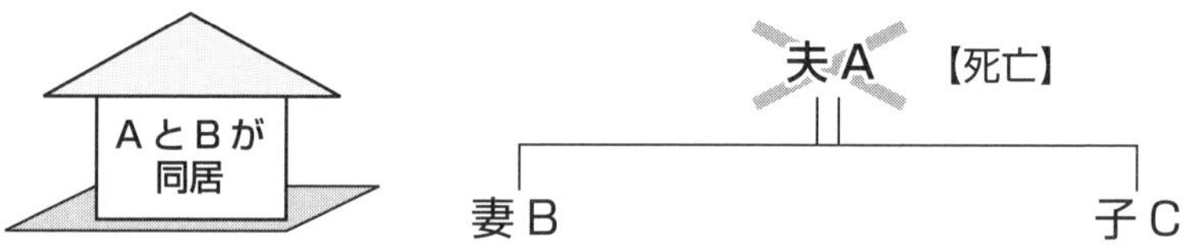

【配偶者短期居住権の効果】

① 遺言なし ➡ 最低でも6か月間はBは無償で建物を使用できる

② Cに相続させる（または遺贈する）という内容の遺言あり

➡ Cが短期居住権の消滅を申し入れた日から6か月が経過する日まで、Bは無償で建物を使用できる

4 遺言書の検認手続きについて知っておこう

遺言書を勝手に開封してはいけない

被相続人が死亡したときは、まず遺言書の有無を確認します。遺言書の存在について、相続人が被相続人から何も聞かされていないという場合には、被相続人が弁護士や司法書士などに遺言書を託している可能性もあります。

被相続人の遺言書を見つけた場合、その遺言書に封印がしてあるときは、勝手に開封してはいけません。封印されている遺言書は、家庭裁判所において、基本的には相続人（またはその代理人）全員の立会いの下で開封しなければならないのです。ただし、遠隔地その他の事情によって相続人の全員または一部が立会いに出席できない場合であっても、遺言書の開封の手続きをすることはできます。

万が一、封印されている遺言書を勝手に開封してしまった場合であっても、遺言書の内容が無効になるわけではなく、開封してしまったからといって直ちに相続人の地位を剥奪されるわけでもありません。ただし、封印がされている遺言書を勝手に開封した場合は５万円以下の過料に処せられます。

遺言書の検認は家庭裁判所が行う

遺言書の検認とは、家庭裁判所が遺言の存在と内容を認定するための手続きで、一種の証拠保全手続きです。検認は、遺言書が遺言者の作成によることを確認するもので、検認後の偽造や変造を防ぎ、遺言書の保存を確実にすることができます。また、民法が要求する方式に従っているか否かを判断する上で、必要な事実を調査する役割も果たします。注意が必要なのは、検認は遺言が遺言者の真意に基づき行われたか否かを判断するものではないので、検認を経たからといって、その遺言が当然に有効とされるわけではないということです。

なお、死亡危急者の遺言については、遺言の確認という家庭裁判所の審判手続きが必要ですが、これは検認とは異なり、遺言者の真意に基づき行われたものか否かまで判断することができます。

偽造や変造が行われるおそれがない公正証書遺言と呼ばれる方式を採用している場合を除き、原則として、遺言について検認手続きを経る必要があります。遺言書の保管者や遺言書を発見した相続人は、遺言書の検認を請求しなければなりません。そして、検認が済んでいない遺言書によっては、相続登記や預貯金の名義変更などの手続きが行えません。相続登記などの相続財産の名義変更を申請する際には、遺言書に検認済証明書を添付する必要があります。

なお、遺言書を発見した相続人が、自分に有利になるよう削除または書換えをした場合や、隠ぺいなどの不正行為をした場合は、相続欠格に該当するため、相続人の資格を当然に失います。また、保管者や相続人が、遺言書の提出を怠り、検認手続きを経ずに遺言を執行したときは、５万円以下の過料に処せられます。さらに、遺言書の提出を怠ったことや、検認手続きを遅滞したことで、相続人や利害関係人が不測の損害を受けた場合は、損害賠償責任が生じることもあります。

■ 遺言書の検認

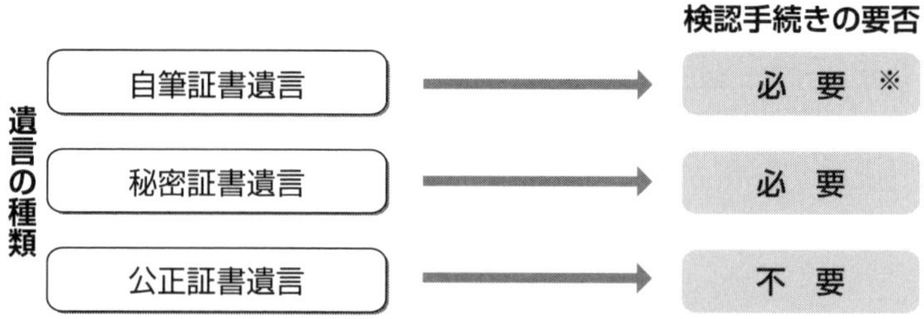

※法務局に保管された自筆証書遺言については検認手続きは不要。

Q 自筆証書遺言保管制度とはどのような制度なのでしょうか。

A 自筆証書遺言は、自書（手書き）することができる能力があれば、費用をかけずに遺言者が一人で作成することができるというメリットがある遺言の方式です。しかし、作成者である遺言者自身が遺言書を保管することになるため、遺言書が紛失してしまったり、遺言書が改ざんされてしまったりする危険性があることが問題として挙げられていました。また、遺言者が死亡した後に相続人に遺言書が発見されず、相続人が遺言書の存在を把握しないまま遺産分割協議が成立し、後に遺言書が発見されたことでトラブルになるというケースもありました。

さらに、自筆証書遺言は家庭裁判所による検認手続きが必要となり、これを怠ると５万円以下の過料に処せられることから、相続人や保管者の負担が重くなるという問題点もありました。

そこで、これらの問題に対処し、自筆証書遺言の利用を促進するため、令和２年（2020年）７月10日から、自筆証書遺言を公的機関である法務局が保管する制度が設けられています。これを自筆証書遺言保管制度といいます。この制度では、遺言者が作成した遺言書を法務局が民法の定める方式を備えているかどうかを外形的に確認した上で、遺言書を保管することになります。また、法務局が保管する自筆証書遺言については、家庭裁判所の検認手続きは不要となります。

この自筆証書遺言保管制度によって、自筆証書遺言のメリットを損なわずに、紛失や改ざん、未発見のリスクや、方式不備によって無効となるといったデメリットが解消されることになりました。

自筆証書遺言保管制度の具体的な手続きの流れは以下のようになります。

①　遺言者による遺言書の保管など

遺言者は、遺言者の住所地か本籍地または遺言者が所有する不動産の所在地を管轄する法務局に、自筆証書遺言の原本を封をしていない状態で持参し、保管申請をします。申請を受けた遺言書保管官（法務局の担当官）は、遺言書の形式的審査を行い、誤りがあれば補正を促し、誤りがなければ原本を保管するとともに画像データ化して保存します。遺言者はいつでも保管された遺言書の閲覧と返還を請求できます。

②　相続開始後の相続人等による手続き

相続が開始されると、相続人等（相続人、受遺者、遺言執行者など）は、法務局に対し、遺言書が保管されている法務局の名称等を証明する書面の交付請求ができます（これにより遺言書の保管の有無を照会することになります）。さらに、相続人等は、保管されている遺言書の閲覧と、遺言書の画像データ等の証明書の交付請求ができます。法務局は、相続人等に対し遺言書の閲覧をさせたり画像データ等の証明書を交付した場合や、第三者請求により遺言書の閲覧をさせた場合は、他の相続人等に対し遺言書を保管していることを通知することになります。なお、自筆証書遺言保管制度を利用した自筆証書遺言は、家庭裁判所による遺言書の検認手続きが不要になります。

■ 自筆証書遺言保管制度

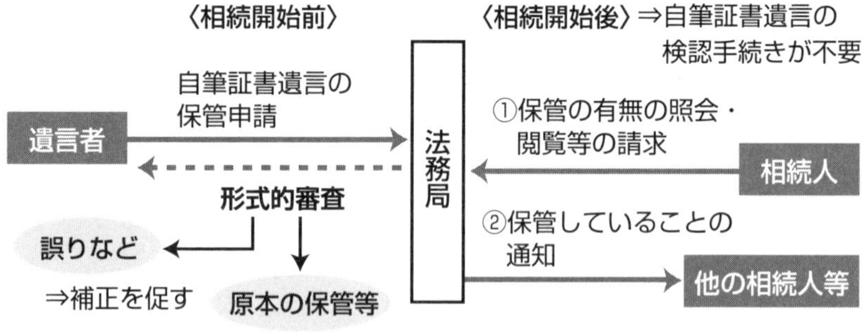

5 遺産分割手続きの流れをつかもう

遺産分割は相続人全員で行う

被相続人の財産が相続人に承継される時期は、相続開始の時（被相続人の死亡時）とされています。被相続人が遺言をしているような場合を除き、相続開始により相続財産全体を相続人が相続分という割合で互いに持ち合っている状態となります。そこで、相続開始後に個々の相続財産を、それぞれの相続人の所有物として確定する手続きが必要になってきます。これが遺産分割です。

まず、遺産分割のおおまかな流れについて見ておきましょう。

遺産が可分債権（預貯金を除きます）である場合は、遺産分割手続きを経ることなく当然に相続分に応じて分割されます。負債（債務）も同じように相続分に応じて分割されます。ただし、相続人全員の同意があれば、遺産分割の対象とすることができます。

しかし、遺産が可分債権だけの場合はほぼありません。通常は遺産に不動産、動産、現金、預貯金など、そのままでは分けられないものが含まれています。また、営業用財産などのように、機械的に分割してしまうと価値がなくなってしまう場合もあります。このような場合に、遺産分割の手続きによって、特定の相続人がその不動産や動産などを所有することに決めることができるのです。

相続人が１人しかいない場合を除けば、どのような財産が残されていて、それをどのように分割し、誰がどの財産を相続するのかを、相続人が全員参加する遺産分割協議で話し合う必要があります。

公平に遺産分割をするため、一部の相続人しか参加していない遺産分割協議は無効とされ、再度協議をし直さなければならなくなりますので注意が必要です。遺産分割協議をする際は、戸籍謄本などで法定相続人をしっかりと確認しておく必要があります。

なお、遺産分割協議には代襲相続人、包括受遺者、認知された子も出席する必要があり、全員出席してはじめて協議が成立します。

遺産配分は被相続人が自由に決められる

法定相続分は、民法で定めた相続分（遺産に対する持分の割合）であり、遺産配分の基準となるものです。被相続人は、法定相続分とは別に、遺留分を侵害しない範囲内で、遺言で相続分（指定相続分）や分割方法を自由に指定することができます。必ずしも法定相続分や具体的相続分（特別受益や寄与分が考慮された相続分）に従うべきものはありません。ただし、遺産分割協議がまとまらないときに家庭裁判所が行う調停や審判では、具体的相続分が基準になります。また、遺言で相続分や分割方法の指定を第三者に託すこともできますし、相続開始から５年を超えない期間で遺産分割を禁じることも可能です。

相続分の指定は、①全遺産について各相続人に割合的に指定する場合と、②個々の遺産について各相続人の相続分割合を指定する場合があります。たとえば、「Ａには全遺産の４分の３、Ｂには全遺産の４分の１」と指定するのが①の場合であり、「不動産はＡに４分の３、Ｂに４分の１」と指定するのが②の場合です。

一方、分割方法の指定は、現物分割や換価分割などによる遺産分割の方法を指定するもので（95ページ）、全相続人の同意がない限り、相続開始と同時に遺言どおりに分割されます。相続分や分割方法の指定は、遺留分を侵害しても有効ですが、遺留分侵害額請求権（相続法改正前の遺留分減殺請求権に相当）が行使される場合があります。後で問題にならないように、相続分や分割方法の指定は、遺言者自身が定めた方がよいわけですが、第三者に相続分や分割方法の指定を託する場合は、信頼できる人であることが大切です。

なお、債務については、相続法改正により、被相続人（債務者）の遺言があっても、債権者がそれを承認しない限り、各相続人が法定相続分に応じて債務を承継し、債権者に対して弁済義務を負うという従来からの取扱いが明文化されています。

家庭裁判所に判断してもらう

　遺産分割の協議が成立しなければ、家庭裁判所の調停や審判によります。協議や調停では、当事者の意向が反映され、柔軟な分割を行うことができます。しかし、審判では、当事者の意向に関係なく、具体的相続分に基づいた分割方法を決定します。分割方法は、現物分割、換価分割、代償分割、共有分割の中から選択します（95ページ）。

相続開始から遺産分割までの流れ

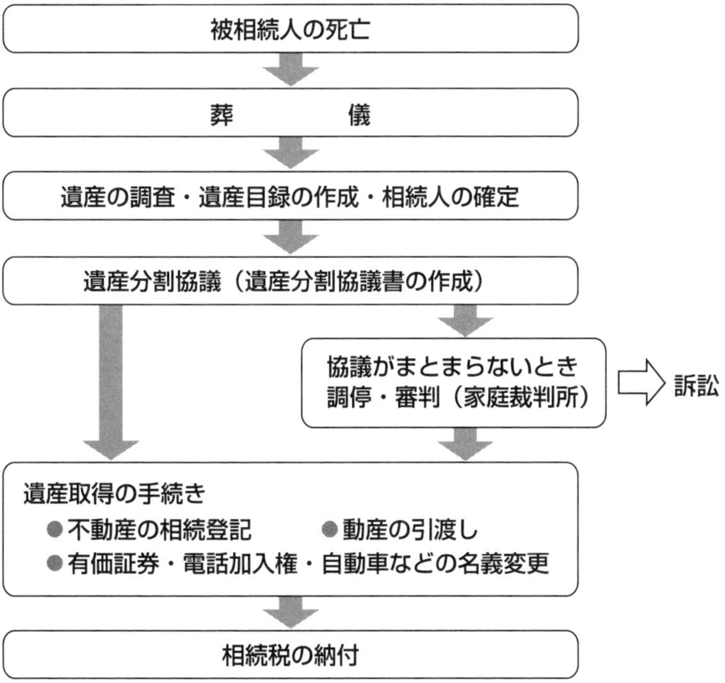

6 遺産分割の方法について知っておこう

遺産分割は遺産の一部についてもできる

遺産の全部を一度に分割することを全部分割といいます。これに対して、遺産の一部を先に分割し、残りを未分割の状態のままに置くことを一部分割といいます。たとえば、特定の遺産だけを売却して支払期限が迫った債務の支払いにあてることに合意し、残りの遺産は後で時間をかけて解決するといったケースが考えられます。また、遺産分割協議の成立後に新たな遺産が発見された場合、その遺産を分割することも一部分割となります。この場合、すでになされた遺産分割協議は相続人全員の合意があれば有効です。

遺産はすべてを一度に分割することが理想的ですが、遺産の範囲について相続人間で争いがあり、その確定を待っていては生活資金が確保できず、生活に困窮する者や、あるいは納税資金を調達できずに延滞税が課せられる危険性があります。実務上は、かつてより一部分割をすることが可能であると考えており、争いのない遺産について先に分割して、生活資金や納税資金を確保することができるようにしていました。ただ、どのような場合に一部分割が許容されるのか、改正前は条文上明確にされていませんでした。

そこで、平成30年（2018年）の相続法改正では、一部分割を共同相続人（２人以上の相続人が相続する場合のすべての相続人のこと）にとって利用しやすいものとするため、一部分割のルールを明文化しました。

具体的には、遺言で一部分割を禁じていない限り、相続人はいつでも、共同相続人の協議によって、いつでも遺産の一部を分割することができる旨が明文化されました。また、遺産分割協議が調わないとき、または遺産分割協議自体ができないときは、家庭裁判所に対し、一部分割の調停や審判を求めることができることも明文化されました。

これらの規定は、遺産の処分権限が第一次的には共同相続人にあるとする考え方がベースとなっており、共同相続人において自由に一部分割を行うことを認めるものです。ただし、被相続人の意思を無視することはできませんから、被相続人が一部分割を遺言で禁じていた場合は、例外的に一部分割をすることが認められません。

また、遺産について共同相続人に第一次的な処分権限が認められることから、遺産分割が調わない場合などは、家庭裁判所に対し一部分割の調停や審判を請求できます。しかし、一部分割をすることにより他の共同相続人の利益を害するおそれがある場合は、家庭裁判所に対する請求は却下されることになります。

なお、一部分割後の残りの遺産の分割については特別なルールが設けられていません。そのため、残りの遺産についてさらに一部分割することも認められます。

遺産分割の方法には４つある

共同相続人が遺産分割をする方法として代表的なものは、現物分割、換価分割、代償分割、共有分割の４つです。

①　現物分割

現物分割とは、共同相続人が個別の遺産をそのままの形で取得する方法です。「○○区○○所在の建物は配偶者が相続したい」「○○産業の株式は長男が相続したい」というように、それぞれの受け取りたい財産が決まっている場合、財産の形を変えたくない場合（現金に換価したくない場合）などは、現物分割が有効な方法です。

現物分割では「配偶者が不動産Ａを受け取る」「次女が不動産Ｂを受け取る」といった具合に分割します。遺産となる現物が少ないときなどは、相続分に応じて現物分割をするのは難しくなりますが、当人たちの合意があれば問題ありません。家庭裁判所の審判で現物分割をする場合は、少ない側に対する代償を付加すべきですが、多少の誤差は適法の範囲内とされます。

②　換価分割

換価分割（価額分割）とは、遺産の一部または全部を売却して現金に換え（換価）、その現金を相続分に応じて分割する方法です。耕作中の畑など現物分割が適当でない場合、または現物分割をすると価値が下がる場合で、かつ代償分割も無理なときは換価分割をします。

実際の換価方法は、財産を任意に売却して換金するのですが、家庭裁判所に申し立てて換価してもらうこともできます。ただ、土地や建物を売却すると、相続人全員に「譲渡による所得税と住民税」が課税されるため、その分は目減りしてしまうことに注意しましょう。

③　代償分割

代償分割とは、１人（または数人）が価値の高い遺産の現物を相続し、残りの相続人の相続分に相当する超過分を、現物を相続した相続人が現金で支払う方法です。これは、遺産の大部分が現在も稼動中の工場や農地である際に、後継者に対しそれらをすべて相続させたい場合などに有効な方法です。

代償分割は、現物を相続する相続人に一定の資産（支払能力）がないと実行できませんので、代償分を支払うだけの資産がない場合には向いていません。なぜなら、ほとんどの遺産を相続した相続人は、相続分よりも多く受け取った分を、自分の資産で他の相続人に支払わなければならないからです。

この支払いは一括払いが原則ですが、分割払いとする方法もあります。分割払いとする場合は、現物を相続する相続人の支払能力の有無を見極めなければなりません。審判による遺産分割では、支払能力があるなど特別の事由が認められた場合に限り、分割払いによる代償分割が認められます。一方、遺産分割協議で合意に至れば、分割払いによる代償分割は何ら問題がありません。実際には、農地、作業場、商店など細分化が適当でない資産について、代償分割による遺産分割が行われることはよくあります。

④　**共有分割**

共有分割とは、遺産の一部または全部を相続人全員が共同で所有する方法です。たとえば、不動産の共有分割をする場合は、基本的に登記手続きだけですむという利点があります。しかし、共有名義の不動産を売却する際に、共有者全員の同意が必要になるなど、共有分割後は単独の所有に比べてさまざまな制約を受けるので、共有者間の調整に困難が生じることが多いようです。

協議の成立までの取扱いと分割の禁止

被相続人が遺産分割について遺言をしている場合を除き、遺産分割協議が成立するまでは、分割方法にかかわらず、遺産は相続人全員の共同所有の状態になります。その間の遺産の管理事項については、共同相続人が相続分に応じた多数決によって決めて共同管理します。管理費用は遺産の中から支払うことも可能です。

共同相続人は、相続開始後に、原則として、いつでも遺産を分割することができます。ただし、次のような場合には、遺産の分割が禁止されることがあります。

①　**遺言による分割の禁止**

被相続人が、遺言によって、遺産の一部または全部の分割を禁止している場合は、遺産分割が禁止されます。ただし、遺言による分割禁止期間は５年が上限と定められています。

②　**協議による分割の禁止**

相続人全員の合意によって遺産分割を禁止することもできます。ただし、遺言による分割の禁止とは異なり、分割禁止期間中であっても相続人全員の合意があれば、遺産分割をすることができます。協議による分割禁止の期間も５年が上限と定められています。

③　審判による分割の禁止

相続人の資格や遺産の範囲などをめぐり係争中のような場合には、家庭裁判所が定める一定の期間は、遺産の一部または全部の分割が禁止されます。

遺産分割に期限はないが相続税に注意する

民法には、遺産分割について、いつまでに行わなければならないという期限の定めはありません。つまり、「相続した財産を処分する」「担保に入れる」などの行為をしない限り、遺産分割を確定させ、相続登記で名義変更をする必要もないという場合も多いでしょう。

しかし、相続税がかかるほどの遺産がある場合は、悠長にしているわけにもいきません。相続税には「配偶者は法定相続分まで相続しても相続税はかからない」という特典がありますが、この特典は相続税の申告期限までに遺産分割が決まらないと受けられないのです。

したがって、通常の場合は、被相続人の死亡後、相続税の申告期限までに遺産分割を確定させることにしていますし、また、多少のトラブルがあっても、そのように努力しなければなりません。申告期限までに遺産分割が確定しない場合は、特典を使わずに申告書を提出するとともに、その理由（申告期限後３年以内の分割見込書）を届け出ることで、遺産分割確定後に支払済みの税金の清算をすることができます。

■ 遺産分割が禁止されるケース

7 遺産分割協議の流れについて知っておこう

遺産分割協議の方法

遺産分割協議を開く方法について、とくに法律上の決まりはありません。ただし、遺産分割協議は相続人全員（代襲相続人、認知された子も含みます）の参加が必要で（包括受遺者の参加も必要です）、1人でも協議に参加していなければ、遺産分割協議は無効になります。遺産分割協議は多数決ではなく、相続人全員の合意により成立します。

また、法定相続分や指定相続分（46ページ）と異なる割合で分割をしても、相続人全員が協議して納得したものであれば問題ありません。遺産分割協議はいったん成立すると、全員の同意がない限りやり直しはできませんので注意しましょう。なお、税務上は全員の同意があってもやり直しは否認されます（相続税の更正が認められません）。

遺産分割協議の効力

遺産分割協議の成立時に遺産分割が確定し、相続開始時に遡って有効になります。被相続人の死亡時に相続が開始され、個々の遺産について共同相続人の共有状態が生じた後、遺産分割協議が成立し、各共同相続人に分割されれば、共有状態はなかったことになるのです。

なお、共有状態の継続中に持分を第三者に処分しても、それを遺産分割時の遺産とみなすことができる場合があります（80ページ）。

協議書は人数分作成する

遺産分割協議書を作成するかしないかは自由ですが、後日の争いを避けるための証拠として作成しておくべきです。特定の遺産が他の相続人の所有物になる代わりに金銭を受け取るような場合に、遺産分割協議書の記載が重要な意味をもちます。また、相続による不動産の登記手続きや相続税の申告の際などには、遺産分割協議書を添付することが必要です。

遺産の目録を作成する

まず、遺産の内容を明確にするための目録を作成します。遺産の目録を参照して分割の内容を記入していきます。共同相続人の合意による一部分割は有効ですが（95ページ）、全部の遺産を対象にしていない遺産分割協議は、後から遺産が発見された際に争いとなることがありますから正確に作成します。作成のポイントは以下のとおりです。

① 誰が何をどれだけ相続するのかを明確に記します。

② 誰が目録外の何を代償として、誰にいつまでに支払うのかを記します。あわせて支払がない場合の措置も記します。

③ 第三者に対する遺贈がある場合は、誰がどの程度負担し、どのように処理するかを明記します。

④ 書式は自由です。遺言書ではないので、署名以外についてはワープロで作成した文書でもかまいません。

⑤ 住所については、住民票や印鑑証明書に記載されているとおりに記載します。不動産の所有権移転登記などの法的手続きのために必要になります。

⑥ 土地や建物などの不動産の所在、地番、構造などは、登記事項証明書に記載されているとおりに記載します。

⑦ 預貯金、預り金、株式などは、事前に金額や数を確認します。また、遺産分割協議書に押印するのと同時に、金融機関の請求書など専用書類にも押印し、受領者を確定させます。

⑧ 遺産分割協議書には、上記の事項以外の特記事項を記入してもかまいませんが、後から問題にならないように、それが法的にどんな意味をもつのか明確にしておきましょう。

⑨　相続人全員が署名し、印鑑証明書を添付します。押印は印鑑証明を受けた実印で行います。署名はサイン（自筆）でも記名でも有効ですが、法的手続きのためには実印で押印する必要があります。作成枚数は、少なくとも遺産分割の参加者の人数分が必要です。

⑩　相続登記の手続きの際に提出する場合は、遺産分割協議書に印鑑証明書の添付が必要です。

遺産分割後の手続き

遺産分割が確定して各相続人に帰属する財産が確定しても、その後の手続きが必要です。不動産は所有権移転登記が必要ですし、動産は他人が所持していれば引き渡してもらわなければなりません。また、銀行預金、株式などについては名義変更を行うことになります。名義変更自体は義務ではありませんが、名義変更をしなければその財産の新しい所有者になったことを客観的に証明できません。期限は定められていませんが、その後の各種手続きをできるだけスムーズに進めるためには、早めにしておいた方がよいでしょう。

遺産分割協議の流れ

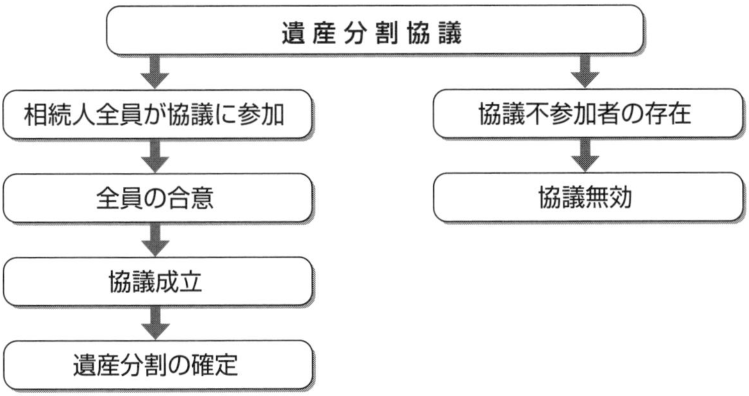

書類に不備がなければ、実印が押された遺産分割協議書に印鑑証明書を添付して登記申請手続きを行うことができます。ただ、遺産分割の確定後に、不動産の名義変更に必要な書類等への押印を拒む相続人がいる場合、調停や訴訟を通じて名義変更手続きを求めることになります。遺産分割協議書が確実に作成されていれば、訴訟や調停での手続きは簡単です。

■遺産分割協議のやり直し

相続人全員の合意に基づく遺産分割協議は、いったん成立すれば契約と同様に法的拘束力が生じ、一方的にやり直しを主張することはできなくなります。義務を履行しない相続人に対しては、遺産分割協議で決定したことを要求していく他はないのです。ただ、共同相続人全員（包括受遺者も含みます）の合意で遺産分割協議の全部または一部を解除し、改めて協議を成立させることはできます。

また、遺産分割協議から漏れた遺産がある場合には、従来の協議を有効としたままで、その漏れた遺産について別の協議をすることになります。相続人でない者を加えた遺産分割や、相続人の一部を除外した遺産分割協議は無効ですから再協議になります（包括受遺者がある場合にその者を除外した遺産分割協議も無効です)。また、意思表示の無効・取消を定める民法の規定は、遺産分割協議にも適用されます。たとえば、協議中に特定の者による強迫があった場合、強迫を受けた相続人は遺産分割協議の取消が可能です。

なお、遺言書の発見で子の認知が生じた時は、各人の相続分が変更されます。他の相続人による遺産分割協議の成立後に認知された子による遺産分割の請求は、相続分に相当する価額の支払いを請求できるだけです。ただし、本来相続人になり得なかった人（被相続人の親や兄弟姉妹）が遺産を取得していた場合、認知された子から遺産分割を請求されたときは、その取得した遺産を返還する必要があります。

8 遺産分割協議がまとまらない場合はどうしたらよいのか

遺産分割調停

相続人間で遺産分割協議がまとまらない、あるいは相続人の中に遺産分割協議に応じない人がいるなど遺産分割において争いが生じた場合は、家庭裁判所へ遺産分割調停を申し立てることになります。

遺産分割調停は、裁判官と調停委員から構成される調停委員会が、中立公正な立場で各相続人から事情を聞いたり、場合によっては妥当な解決策を示すなどして話し合いにより円満に解決できるよう斡旋する手続きです。家庭裁判所が関与するものの、最終的には相続人全員の話し合いによる合意が解決内容となります。この意味で、遺産分割調停は、裁判所という公的な第三者機関を介した話し合いといえます。

遺産分割調停を利用して、相続人全員の合意が得られた場合は、調停調書が作成され、この内容に沿って遺産分割が行われることになります。この調停調書には確定判決と同一の効力が認められるため、調書の内容に従わない相続人がいる場合は強制的に手続きを進めることができます。

話し合いができない、合意に達しないなど、遺産分割調停では解決が困難な場合には、自動的に調停手続きから審判手続きへ移行し、家庭裁判所が法律に則って判断を下すことになります。

遺産分割調停の申立て

遺産分割調停は、相続人の一人からでも申し立てることができますが、遺産分割協議が、相続人全員（包括受遺者を含みます）の参加を必須とする手続きであるため、遺産分割調停においても、申立人以外の相続人・包括受遺者全員が相手方となります。

申立先は、相手方のうちの一人の住所地を管轄する家庭裁判所（相続人全員の合意がある場合は合意された家庭裁判所）です。

申立てに必要となる主な書類は、①申立書（107ページ）、②被相続族人の出生から死亡までの連続した戸籍（改製原戸籍、除籍）謄本、③相続人全員の戸籍謄本（代襲相続が発生している場合は、被代襲者の出生から死亡までの戸籍謄本）、④相続人全員の住民票または戸籍附票、⑤登記事項証明書や預貯金の通帳の写しなど遺産を証明する書類です。

申立費用は、被相続人１人につき1200円分の収入印紙の他、各裁判所で指定されている連絡用郵便切手を提出する必要があります。

■遺産分割調停の手続きの流れ

相続人間の話し合いで遺産分割協議が調わない場合は、管轄の家庭裁判所へ必要書類と費用を添えて「遺産分割調停」の申立てを行います。申立てが受理されれば、裁判所が調停を行う日（調停期日）を決定し、申立人および相手方に第１回目の期日が書かれた呼出状が送られてきます。期日に裁判所へ出頭すると、申立人と相手方はそれぞれ「調停室」と呼ばれる部屋へ個別に入室し、調停委員と話しをすることになります。１回の期日で両者の話し合いがまとまれば、そこで調停は終わりますが、話し合いがまとまらない場合は第２回、第３回と期日が続行され、話し合いが続けられていくことになります。

遺産分割調停を利用して相続人全員が合意に達すれば、調停調書が作成されます。一方、合意に達しない場合は、調停を取下げない限り自動的に「遺産分割審判」へ移され、通常の裁判と同様に当事者は主張立証を行うことになります。

遺産分割調停では、相続人間で遺産をどのように分けるかを決定する手続きであることから、相続人が確定していることと、遺産の範囲が確定していることが前提となります。遺産の範囲に争いがある場合、遺産分割調停でも、遺産の範囲について当事者全員で合意できれば解決することも可能ですが、遺産分割調停で合意を形成することが困難なケースもあり、このようなときは先に「遺産確認の訴え」など民事訴訟を提起することになります。

遺産分割審判

遺産分割調停が不成立に終わると、別途審判の申立てを行うことなく、自動的に調停が行われた家庭裁判所で遺産分割審判の手続きが開始されることになります。

家族間の紛争を扱う家事事件では、話し合いによる解決が望ましいと考えられているため、いきなり審判の申立てや訴訟の提起をするのではなく、まずは調停から始めなければならないとする調停前置主義が、原則として採用されています。離婚や親権の変更などはこの調停前置主義が採用されていますが、遺産分割については、調停前置主義は採用されていません。そのため、遺産分割調停を申し立てることな

遺産分割調停・審判の流れ

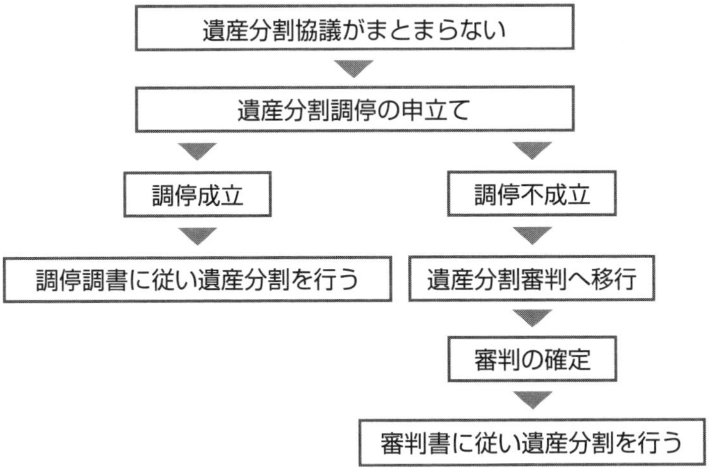

く、いきなり遺産分割審判を申し立てることも可能です。ただ、遺産分割事件も家族間の紛争に変わりはないことから、審判を申し立てても裁判所の判断によって、まずは調停に付されるのが通常です。

遺産分割審判の手続きの流れ

遺産分割調停では、申立人と相手方がほとんど顔を合わせることなく手続きが進められていきますが、遺産分割審判では、そうはいきません。通常の訴訟と同じく、期日には相続人全員が法廷に会して、互いに主張立証を行います。

遺産分割審判では、自らの主張を書面にまとめ、その主張を裏付ける証拠を提出します。そして、双方の主張立証が出尽くしたと裁判官が判断すれば、どのように遺産を分割すべきかについて、審判（決定）という形で一定の判断が下されます。審判の内容は審判書という書面に記載され、各当事者に交付されます。

審判の内容に不服がある者は、審判書が送達された日の翌日から起算して２週間以内に、審判をした家庭裁判所に対して、即時抗告という不服申立てをする必要があります（即時抗告の審理は高等裁判所が行います）。２週間以内に不服申立てがなければ審判は確定します。審判書も調停調書と同様、確定判決と同一の効果があるため、審判書の内容に基づいて強制執行が可能になります。

調停調書・審判書と相続登記

遺産分割調停や遺産分割審判で不動産を取得することになった相続人は、相続を証する書面として遺産分割調停調書の謄本または遺産分割審判書の謄本（確定証明書付）を提出すれば、他の相続人の協力なくして、単独で相続登記をすることができます。このとき、被相続人の出生から死亡までの戸籍謄本の添付は不要です。

書式　遺産分割調停の申立書

受付印	遺産分割 ☑ 調停 ☐ 審判 申立書
	（この欄に申立て１件あたり収入印紙１，２００円分を貼ってください。） （貼った印紙に押印しないでください。）
収入印紙　　円	
予納郵便切手　　円	

東京 家庭裁判所 御中 令和 1 年 5 月 9 日	申立人 （又は法定代理人など） の記名押印	伊藤 清 ㊞

添付書類	（審理のために必要な場合は，追加書類の提出をお願いすることがあります。） ☑ 戸籍（除籍・改製原戸籍）謄本（全部事項証明書）合計 4 通 ☐ 住民票又は戸籍附票　合計　通　☐ 不動産登記事項証明書　合計　通 ☑ 固定資産評価証明書　合計 5 通　☑ 預貯金通帳写し又は残高証明書　合計 2 通 ☐ 有価証券写し　合計　通　☐	準口頭

当事者		別紙当事者目録記載のとおり	
被相続人	本籍（国籍）	東京 ㊉都 道 府 県　文京区××〇丁目〇番地	
	最後の住所	東京 ㊉都 道 府 県　文京区××〇丁目〇番〇号	
	フリガナ 氏名	伊藤《イトウ》 正《タダシ》	平成 29 年 12 月 14 日死亡

申立ての趣旨
被相続人の遺産の分割の（☑ 調停 ／ ☐ 審判）を求める。

申立ての理由			
遺産の種類及び内容	別紙遺産目録記載のとおり		
被相続人の債務	☐ 有 ／	☐ 無 ／	☑ 不明
☆特別受益	☑ 有 ／	☐ 無 ／	☐ 不明
遺言	☐ 有 ／	☑ 無 ／	☐ 不明
遺産分割協議書	☐ 有 ／	☑ 無 ／	☐ 不明
申立ての動機	☐ 分割の方法が決まらない。 ☐ 相続人の資格に争いがある。 ☑ 遺産の範囲に争いがある。 ☐ その他（　　　　　）		

（注）太枠の中だけ記入してください。
□の部分は該当するものにチェックしてください。
☆の部分は，被相続人から生前に贈与を受けている等特別な利益を受けている者の有無を選択してください。「有」を選択した場合には，遺産目録のほかに，特別受益目録を作成の上，別紙として添付してください。

遺産（1/ ）

(942100)

当　事　者　目　録

☑申立人 ☐相手方	本籍（国籍）	東京 都（都道府県） 文京区××○丁目○番地	
	住所	〒 112－0000 東京都文京区××○丁目○番○号（　　方）	
	フリガナ 氏名	伊藤《イトウ》　清《キヨシ》	大正・昭和（○）・平成 33年 5月 12日生（60 歳）
	被相続人との続柄	長男	
☐申立人 ☑相手方	本籍（国籍）	東京 都（都道府県） 文京区××○丁目○番地	
	住所	〒 112－0000 東京都文京区××○丁目○番○号（　　方）	
	フリガナ 氏名	伊藤《イトウ》　真紀子《マキコ》	大正・昭和（○）・平成 38年 1月 18日生（56 歳）
	被相続人との続柄	長女	
☐申立人 ☑相手方	本籍（国籍）	東京 都（都道府県） 文京区××○丁目○番地	
	住所	〒 165－0000 東京都中野区××○丁目○番○号（　　方）	
	フリガナ 氏名	伊藤《イトウ》　昭夫《アキオ》	大正・昭和（○）・平成 39年 6月 28日生（56 歳）
	被相続人との続柄	次男	
☐申立人 ☐相手方	本籍（国籍）	都道府県	
	住所	〒　－ （　　方）	
	フリガナ 氏名		大正・昭和・平成　年　月　日生（　歳）
	被相続人との続柄		
☐申立人 ☐相手方	本籍（国籍）	都道府県	
	住所	〒　－ （　　方）	
	フリガナ 氏名		大正・昭和・平成　年　月　日生（　歳）
	被相続人との続柄		

（注）□の部分は該当するものにチェックしてください。

遺産（　／　）

(942102)

第3章

トラブルを予防する遺言記載例

1　配偶者に遺す遺言①

記載例１　夫婦２人暮しで子がいない場合の遺言書

夫婦に子（代襲相続人となる孫以下の直系卑属を含む）がいない場合は、その父母（父母の双方が先に死亡しているが祖父母がいる場合はその祖父母）が相続人となりますが、父母もいない場合は、兄弟姉妹（代襲相続人となる兄弟姉妹の子を含む）が相続人になります。

そして、いずれの場合も配偶者は相続人となります。全財産を配偶者に相続させたい場合は、できるだけ対象財産を特定し、遺言書を遺します。なお、平成30年（2018年）の相続法改正で新設された配偶者居住権を配偶者に対し遺言で与えることも可能です。

記載例２　居住マンションしかめぼしい財産がない場合の遺言書

被相続人が住居などの不動産を所有しているのに対し、預貯金などの金融資産を保有していない場合は、相続についてトラブルになりかねません。本記載例のように相続人が複数の場合で、不動産しかめぼしい遺産がなく、遺言もないときは、法律に従って遺産分割をします。

平成30年の相続法改正により、生存配偶者は、遺産分割や遺言などに基づき、居住している被相続人所有の不動産について配偶者居住権を主張できるようになりました。

しかし、本記載例の場合は、妻にマンション（不動産）の配偶者居住権ではなく、所有権を相続させているので、長男・長女の遺留分への配慮が必要です。遺留分に配慮する場合は、妻に不動産の配偶者居住権と金融資産を相続させ、長男・長女に不動産の所有権を相続させる方法を検討してもよいでしょう。

記載例1　夫婦2人暮しで子がいない場合の遺言書

遺言書

遺言者○○○○は本遺言書により次のとおり遺言する。

1　遺言者は、妻の○○に次の物件を相続させる。

(1)　土地

所在　東京都○○区○○町○丁目

地番　○番○

地目　宅地

地積　100.00㎡

(2)　建物

所在　東京都○○区○○町○丁目○番地○

家屋番号　○番○

種類　居宅

構造　木造瓦葺2階建

床面積　1階　50.00㎡

2階　30.00㎡

2　その他、遺言者に属する一切の財産を妻の○○に相続させる。

令和○○年○月○日

東京都○○区○○町○番○号

遺言者　○○○○　㊞

記載例2　居住マンションしかめぼしい財産がない場合の遺言書

遺言書

遺言者○○○○は、本遺言書により次のとおり遺言する。

1　遺言者は、以下の遺言者名義のマンションの一室を妻○○○○（昭和○○年○月○○日生）に相続させる。

名称　○○○○マンション

所在　東京都○○区○○○丁目○番地○号

建物番号（専有部分）　○○○号室

2　その他、遺言者に属する一切の財産を妻○○○○に相続させる。

3　遺言者の長男○○○○（昭和○○年○月○○日生）、長女○○○○（昭和○○年○月○○日生）においては、妻○○の老後の生活に対する遺言者の配慮を充分に理解してほしい。長男○○、長女○○に対しては、遺留分侵害額請求を行わないことを切に希望する。

令和○○年○月○日

東京都○○区○○町○丁目○番○号

○○○○マンション○○○号室

遺言者　○○○○　㊞

2　配偶者に遺す遺言②

記載例３　認知症の妻に土地と家を遺したい場合の遺言書

本記載例は、夫婦に子がなく、相続人が配偶者と弟だけの場合を想定しています。弟には遺留分がないので、配偶者に不動産をすべて相続させても、配偶者が弟から遺留分侵害額請求権を受ける心配はありません。なお、配偶者が認知症の場合、強制力はありませんが、遺言者本人の強い希望として、成年後見人選任手続の指示などを記載するとよいでしょう。

記載例４　内縁の妻がいる場合の遺言書

妻（本妻）は法律上の配偶者として常に相続人となりますが、内縁の妻は法律上の配偶者ではないため、相続権がありません。しかし、同居しているなど、本妻以上に近しい関係にある内縁の妻に、居住している土地・建物を譲りたい場合もあります。その場合は、本記載例のように、遺言で土地・建物を遺贈するとよいでしょう。ただし、本妻の最低限の取り分としての遺留分に注意しなければなりません。

■ 戸籍上の妻とは別に内縁の妻がいるケース（記載例４）…………

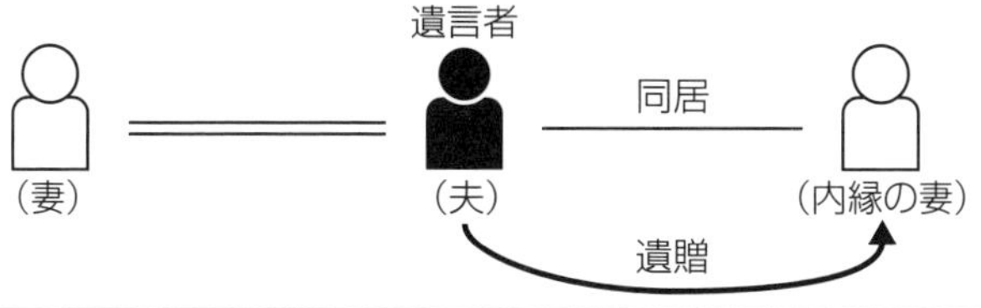

法定相続分		遺　贈	
妻	1	内縁の妻	土地・建物
内縁の妻	0		

記載例３　認知症の妻に土地と家を遺したい場合の遺言書

遺言書

遺言者○○○○は本遺言書により次のとおり遺言する。

1　遺言者は、妻の○○に次の物件を相続させる。

⑴　土地

所在　東京都○○区○○町○丁目

地番　○番○

地目　宅地

地積　100.00㎡

⑵　建物

所在　東京都○○区○○町○丁目○番地○

家屋番号　○番○

種類　居宅

構造　木造瓦葺２階建

床面積　１階　50.00㎡

２階　30.00㎡

2　その他、遺言者に属する一切の財産を妻○○に相続させる。

3　遺言者の死後、弟○○○○は直ちに妻○○に係る成年後見人を選任する手続きを行うこと。

令和○○年○月○日

東京都○○区○○町○番○号

遺言者 ○○○○　㊞

記載例4　内縁の妻がいる場合の遺言書

遺言書

遺言者○○○○は本遺言書により次のとおり遺言する。

1　遺言者の妻○○○○（別居中）に○○銀行○○支店遺言者名義の定期預金（口座番号××××）すべてを相続させる。

2　内縁の妻○○○○（東京都○○区○○町○丁目○番地居住、昭和○年○月○日生）に次の財産を遺贈する。

⑴　土地

（表示略）

⑵　建物

（表示略）

3　本遺言の遺言執行者として次の者を指定する。

住所　東京都○○区○○町○丁目○番○号

弁護士　○○○○

令和○○年○月○日

東京都○○区○○町○丁目○番○号

遺言者　○○○○　㊞

3 配偶者と子に遺す遺言①

記載例５　現在の妻に先妻の子の世話を頼みたい場合の遺言書

先妻はすでに遺言者の配偶者ではないため、相続権はありませんが、先妻との間の子には相続権があります。本記載例は先妻の子が２人いる場合なので、配偶者（後妻）の法定相続分は２分の１で、残りの２分の１を子２人が均等に（４分の１ずつ）分け合います。ただ、義理の親である後妻に扶養義務はないので（養子縁組をしている場合は扶養義務が生じます）、子が独立していない場合は、財産を相続させるだけでは将来の不安が残ります。そこで、「子を扶養する」という条件をつけて後妻に財産を相続させるとよいでしょう。

なお、遺言者が子の親権をもつ場合（管理権がない場合を除く）は、遺言者死亡により親権者がいなくなるので、遺言によって後妻を子の未成年後見人に指定することができます。

記載例６　先妻の子と後妻との相続争いを避けたい場合の遺言書

先妻は相続の時点では被相続人の配偶者ではないので、相続権は当然にありません。しかし、先妻の子も後妻の子も「嫡出子」であることに変わりはなく、相続人としての法定相続分は同じです。ただ、先妻の子と後妻との関係が悪化しているなどの理由で、被相続人の死後に相続争いになる可能性があるときは、本記載例のように遺言で遺産分割方法の指定をしておくとよいでしょう。

記載例７　後妻の子に多くの財産を相続させる場合の遺言書

本記載例は、夫が死亡したが、それより前に後妻も死亡していて、先妻との間の子（長男）と後妻との間の子（二男）がいるという場合を想定しています。まず、原則として、先妻の子も後妻の子も、法定相続分は均等に2分の1ずつになります。ただ、長男はすでに社会人として独立し安定した生活を送っているが、二男は幼年で将来に不安が残るという場合もあるでしょう。その場合は、遺言で、二男に多くの財産を遺せるように、法定相続分と異なる相続分を指定することができます。なお、先妻は相続の時点で被相続人の配偶者ではないので、相続権はないことに注意が必要です。

記載例8　妻の連れ子にも相続させたい場合の遺言書

本記載例で取り上げているのは、夫が死亡して妻と長男が遺された他、妻の連れ子もいるというケースです。この場合、妻の先夫に相続権がないのは当然ですが、妻の連れ子にも相続権はありません。妻の子ではあっても、死亡した夫から見れば実子でも養子でもないからです。本記載例の場合は、妻と長男が2分の1ずつ相続します。連れ子にも相続させたい場合には、生前に養子縁組を結んでおけば、実子と同じように相続分が認められます。また、養子縁組をしなくても、本記載例のように遺贈によって財産を譲ることが可能です。ただし、その場合は妻と長男の遺留分（各4分の1）を侵害しない範囲で行うなどの配慮が必要です。

記載例9　妻の再婚相手には財産を渡したくない場合の遺言書

妻（配偶者）は常に相続人となります。夫婦が共同して形成した財産の精算や、遺された妻の生活保障などが必要だからです。死亡後に妻が再婚したとしても、相続人の資格は失われません。ただ、先祖代々からの土地や屋敷など、妻に相続させた財産が、後になって妻の死亡に伴い再婚相手のところへ行くのは困るという場合は、妻の再婚可能性を見越して、遺産分割の指定をしておくとよいでしょう。

記載例5　現在の妻に先妻の子の世話を頼みたい場合の遺言書

遺言書

遺言者○○○○は本遺言書により次のとおり遺言する。

1　遺言者の妻○○○○に遺言者のすべての財産を相続させる。

2　妻○○は、上記1を相続させる負担として、遺言者の先妻の子である長男○○○○及び長女○○○○が20歳に達するまで、同居して扶養する義務を負うものとする。

3　本遺言の遺言執行者として次の者を指定する。

住所　東京都○○区○○町○丁目○番○号

弁護士　○○○○

令和○○年○月○日

東京都○○区○○町○丁目○番○号

遺言者　○○○○　㊞

記載例6　先妻の子と後妻との相続争いを避けたい場合の遺言書

遺言書

遺言者○○○○は本遺言書により次のとおり遺言する。

1　妻○○○○に次の財産の持分の３分の２、妻○○との間の二男○○○○に同持分３分の１を相続させる。

(1)　土地

(表示略)

(2)　建物

(表示略)

2　先妻○○○○との間の長男○○○○に次の財産を相続させる。

(1)　○○銀行○○支店遺言者名義の定期預金のすべて

(2)　遺言者が先妻○○との結婚前から所有していた掛け軸１本

3　妻○○にその他遺言者に属する一切の財産を相続させる。

4　本遺言の遺言執行者として次の者を指定する。

住所　東京都○○区○○町○丁目○番○号

弁護士　○○○○

令和○○年○月○日

東京都○○区○○町○丁目○番○号

遺言者　○○○○　㊞

記載例７　後妻の子に多くの財産を相続させる場合の遺言書

遺言書

遺言者○○○○は本遺言書により次のとおり遺言する。

遺言者○○○○は、先妻○○○○と離婚した後、長男○○○○を手元に引き取って養育してきたが、その後、縁あって新しい妻○○○○と結婚して二男○○○○を授かった。

その妻○○も不幸にも先年他界したが、二男○○はまだ小学生の幼年であり、一方、長男○○はすでに立派な社会人として独立している。もちろん自分にとって２人とも大事な子どもであり、双方の幸せを祈っていることに一点の曇りもないが、如何せん二男○○が自立できるようになるまでにはまだまだ先が長い。

ついては、二男○○が自立して生活が安定するまでの月日を考慮して、相続分を次のとおり指定する。長男○○に対しては、この点十分理解してくれるとともに、父親代わりとして二男○○が自立することのできる年齢に達するまでの面倒をみてくれるよう切に希望する。

⑴　長男○○○○の相続分を３分の１とする

⑵　二男○○○○の相続分を３分の２とする

令和○○年○月○日

愛媛県○○郡○○町○丁目○番○号

遺言者　○○○○　㊞

記載例8　妻の連れ子にも相続させたい場合の遺言書

遺言書

遺言者○○○○は本遺言書により次のとおり遺言する。

1　遺言者の妻○○○○の子、○○○○は遺言者の実子でも養子でもないにもかかわらず、家庭生活や家業における遺言者に対する献身ぶりには目をみはるものがあり、感心すると同時に大変感謝している。

ついては、遺言者○○○○は、その労苦に報いるため○○○○に○○銀行○○支店遺言者名義の定期預金（口座番号××××× ）のすべてを遺贈する。

2　上記以外の財産については、妻○○と長男○○○○にそれぞれ法定相続分どおりの相続をさせる。

令和○○年○月○日

東京都○○区○○町○丁目○番○号

遺言者　○○○○　㊞

記載例9　妻の再婚相手には財産を渡したくない場合の遺言書

遺言書

遺言者○○○○は本遺言書により次のとおり遺言する。

1　妻○○○○には○○銀行○○支店遺言者名義の定期預金（口座番号××××）すべてを相続させる。

2　長男○○○○には下記の不動産及びその不動産内に存する動産のすべてを相続させる。

⑴　土地

（表示略）

⑵　建物

（表示略）

3　長男○○は上記2の不動産を子孫に引き継いでいくこと。

4　妻○○が再婚するかまたは死亡するまでは、従来通り上記2の不動産に妻○を居住させるものとする。

5　本遺言の遺言執行者として次の者を指定する。

住所　東京都○○区○○町○丁目○番○号

弁護士　○○○○

令和○○年○月○日

東京都○○区○○町○丁目○番○号

遺言者　○○○○　㊞

4 配偶者と子に遺す遺言②

記載例10　配偶者に自宅以外の財産を多く遺したい場合の遺言書

遺産の大半が自宅とその敷地（土地）という不動産の場合、その不動産を妻（配偶者）に相続させると、他の相続人の遺留分を侵害するので、遺留分侵害額請求を受けると、その支払いのために妻が不動産を売却せざるを得なくなります。一方、遺留分侵害額請求を受けないようにすると、妻が不動産以外の財産を相続できなくなり、生活が困窮する危険性があります。

そこで、平成30年（2018年）の相続法改正で配偶者居住権が新設され、令和２年（2020年）４月１日以降、被相続人の遺言などによって配偶者居住権を設定すれば、生存配偶者（夫死亡の場合は妻）は、原則として終身、そのまま自宅に居住し続けることが可能になりました。

配偶者居住権は、自宅の所有権と居住権を分けて考えるので、妻に居住権を、他の相続人に所有権を与えれば、他の相続人の遺留分を侵害することなく、妻が他の財産（預貯金など）を相続することも可能になります。自宅以外に目立った財産が少ない場合などは、本記載例のように配偶者居住権を設定するとよいでしょう。

記載例11　妻に不動産、子に金銭を相続させたい場合の遺言書

本記載例のように、自分の死後も妻が居住マンションに住み続けることができるように、妻に不動産を相続させ、子に金銭を相続させることがあります。遺言で不動産を相続させる場合は、遺言書にその不動産を明確に記載する必要があります。

また、遺言で金銭を相続させる場合は、現金なのか預貯金なのかを明確にします。さらに、預貯金である場合は、どの銀行のどの口座の

預貯金であるのかも明確にします。1つの銀行では原則として1人1口座しか作成できませんが、現実に複数の口座を持っている場合もありますので、口座番号も正確に記載します。

なお、平成30年（2018年）の相続法改正により、自筆証書遺言に添付する財産目録は、署名押印を条件として自書を要しないことになったので、署名押印した通帳のコピーなどを添付しておくとよいでしょう。

記載例12　妻の扶養を長男に託したい場合の遺言書

妻の老後の生活が心配である場合は、本記載例のように、遺産分割方法の指定や相続分の指定をして、生活に不自由しない程度の財産を遺せるように遺言するとよいでしょう。とくに自宅とその敷地を妻に相続させるのがポイントです（妻には配偶者居住権を相続させる方法もあります）。

また、妻の扶養を長男に託す場合は、扶養に要する費用を考慮して、長男の相続分を増やすのも一つの方法です。ただし、長男以外の子の遺留分にも十分な配慮が必要です。

■ 妻に不動産、子に金銭を相続させるケース（記載例11）………

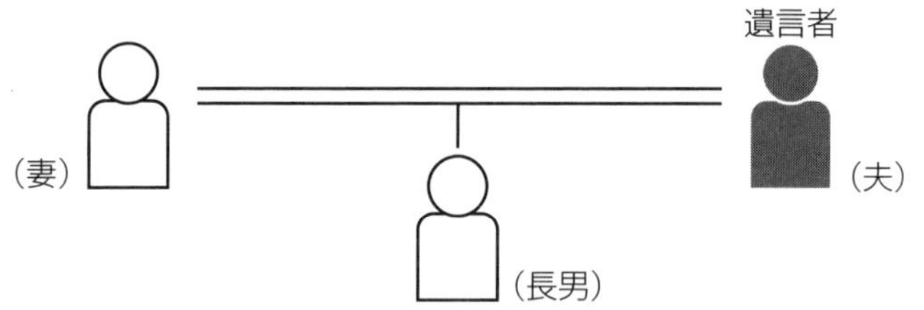

法定相続分		遺産分割方法の指定	
妻 ………………………………	$\frac{1}{2}$	妻 ……………	マンションの一室
長男 ………………………………	$\frac{1}{2}$	長男 …………	普通預金

記載例10 配偶者に自宅以外の財産を多く遺したい場合の遺言書

遺言書

遺言者○○○○は、本遺言書により次のとおり遺言する。

1　遺言者は、長男○○、長女○○に対し、下記不動産をそれぞれ２分の１の割合で相続させる。

(1)　土地

（表示略）

(2)　建物

（表示略）

2　遺言者は、妻○○に対し、次の財産を相続させる。

(1)　上記建物に対する配偶者居住権

(2)　○○銀行○○支店遺言者名義の普通預金（口座番号××××）

3　長男○○、長女○○はともに協力して、障害者である妻○○の療養看護を行うことを強く希望する。

4　遺言者が他界した後、長男○○は直ちに妻○○に係る成年後見人の選任手続きを行うこと。

令和○○年○月○日

東京都○○区○○町○丁目○番○号

遺言者　○○○○　㊞

記載例11　妻に不動産、子に金銭を相続させたい場合の遺言書

遺言書

遺言者○○○○は、本遺言書により次のとおり遺言する。

1　遺言者は、以下の遺言者名義のマンションの一室を、遺言者の妻○○○○（昭和○○年○月○○日生）に相続させる。

名称　○○マンション

所在　東京都○○区○○町○丁目○番地○号

建物番号（専有部分）　○○○号室

2　遺言者は、以下の遺言者名義の普通預金のすべてを、遺言者の長男○○○○（昭和○○年○月○○日生）に相続させる。

⑴　○○銀行　○○支店　普通預金　口座番号1234567

⑵　○○銀行　○○支店　普通預金　口座番号7654321

令和○○年○月○日

東京都○○区○○町○丁目○番地○号

○○マンション○○○号室

遺言者　○○○○　㊞

記載例12　妻の扶養を長男に託したい場合の遺言書

遺言書

遺言者○○○○は本遺言書により次のとおり遺言する。

1　遺言者の妻○○○○には、現在居住している家と土地を含め財産の10分の5を相続させる。

2　長男○○○○には、家と土地を除き財産の10分の4を相続させる。ただし、これを相続させる負担として、長男○○は、妻○○の面倒を最期までみることとする。

3　二男○○○○には、家と土地を除き財産の10分の1を相続させる。二男○○の相続分は遺留分（8分の1）を下回るが、妻○○の老後の生活に対する遺言者の配慮をよくよく理解してほしい。

4　二男○○に対しては、遺留分侵害額請求を行わないことを切に希望する。

令和○○年○月○日

東京都○○区○○町○丁目○番○号

遺言者　○○○○　㊞

5 特定の人に財産を残したい場合の遺言①

記載例13　愛人に財産を遺したい場合の遺言書

法的に婚姻関係にある配偶者（本妻）とは異なり、愛人には相続権がありません。そこで、遺言者が愛人に財産を遺したい場合は、本記載例のように、遺言書で遺贈を行うことになります。

ただ、本妻や愛人の夫の心情を考慮すると、愛人に財産を遺すことはトラブルの火種になるといえます。そこで、愛人に財産を遺す理由を記載したり、法定相続人（本妻や子どもなど）の遺留分に配慮したりするなど、遺言書の内容には注意が必要です。

記載例14　愛人の子に特定の財産を遺したい場合の遺言書

未婚の男女間に生まれた子を非嫡出子といいます。母と非嫡出子との親子関係は、子の出生により当然に発生します。しかし、父と非嫡出子との親子関係は当然には発生せず、父の認知（遺言で認知することもできます）により発生します。父が愛人の子を認知すると、その子は父の相続人になります。父が、認知した愛人の子に特定の財産を遺したい場合は、遺産分割方法の指定（特定の財産を「相続させる」ことを明記した遺言）が基本ですが、遺贈する方法も可能です。

一方、認知していない場合は、遺贈する方法のみが可能です。遺贈する場合は、本記載例のように、直接に愛人の子を受遺者として行う方法か、もしくは愛人の子が未成年の場合は愛人を受遺者とし、愛人への遺贈が無効になった場合に愛人の子に遺贈するという、補充遺贈と呼ばれる方法があります。

記載例13　愛人に財産を遺したい場合の遺言書

遺言書

遺言者○○○○は本遺言書により次のとおり遺言する。

1　遺言者の妻○○○○に次の財産を相続させる。

(1)　土地

(表示略)

(2)　建物

(表示略)

2　○○○○（東京都○○区○○町○丁目○番○号居住、昭和○○年○月○日生）に次の土地を遺贈する。

(表示略)

3　本遺言の遺言執行者として次の者を指定する。

住所　東京都○○区○○町○丁目○番○号

弁護士　○○○○

令和○○年○月○日

東京都○○区○○町○丁目○番○号

遺言者　○○○○　㊞

記載例14　愛人の子に特定の財産を遺したい場合の遺言書

遺言書

遺言者○○○○は本遺言書により次のとおり遺言する。

1　遺言者の妻○○○○に次の財産を相続させる。

(1)　土地

（表示略）

(2)　建物

（表示略）

2　○○○○（東京都○○区○○町○丁目○番○号居住、昭和○○年○月○日生）に○○銀行○○支店遺言者名義の定期預金（口座番号××××）すべてを遺贈する。

3　受遺者○○○○が、上記2の遺贈の効力発生前に死亡するか、またはその遺贈を放棄した場合には、その相続人である長男○○○○に遺贈する。

4　本遺言の遺言執行者として次の者を指定する。

住所　東京都○○区○○町○丁目○番○号

弁護士　○○○○

令和○○年○月○日

東京都○○区○○町○丁目○番○号

遺言者　○○○○　㊞

6 特定の人に財産を遺したい場合の遺言②

記載例15　全財産を長男に相続させたい場合の遺言書

相続において子の間に序列はなく、非嫡出子を含めて相続分は同じ割合です。長男の相続分だけが多いということもありません。ただ、それは法律上の制度の話です。被相続人が長男中心の家系を維持するため、本記載例のように長男に単独相続させたい場合は、その意思を尊重せざるを得ないこともあるでしょう。

しかし、他の相続人（兄弟姉妹を除く）には、最低限の取り分として遺留分が認められます（本記載例の場合、妻４分の１、次男８分の１が遺留分です）。したがって、遺言の内容に不服がある他の相続人から遺留分侵害額請求権が行使される可能性があります。

記載例16　未成年者の子どもに財産を遺したい場合の遺言書

相続人となる子が未成年で遺言書がない場合は、妻と子との間で被相続人の遺産を分割する手続きを行います。このとき、妻に多くの遺産を分割すれば子の遺産が減るという関係が生じますので、妻と子の利害関係が衝突しています（利益相反行為）。そのため、妻と未成年の子との間で遺産分割をする際は、子のために特別代理人を選任しなければなりません（民法826条１項）。しかし、本記載例のように、遺言書に遺産分割の方法を遺しておけば、その記載どおりに遺産を分割する限り、妻と未成年の子との利害関係は衝突しないので、特別代理人の選任が不要となるという実益があります。

記載例17　成人した２人の子それぞれに財産を遺したい場合の遺言書

相続人である子が成人の場合、未成年者とは違い、特別代理人を選任することなく、子が自ら遺産分割協議に参加できます。もっとも、どの財産を誰が取得するのかについて、被相続人が亡くなった後に紛争とならないためにも、配偶者や子に相続させる財産を明確にしておくことが必要になります。遺言書に相続の対象となる財産を記入する際には、その財産が明確に特定できるようにします。

また、被相続人の子には遺留分があります。本記載例では相続人が２人の子（長男・長女）だけですから、遺留分は各４分の１です。相続人間の紛争を防止するためには、少なくとも遺留分を上回る財産を分け与えるようにします。

記載例18　胎児に財産を遺したい場合の遺言書

本記載例は、胎児を認知して、その胎児に財産を遺したい場合に用います。非嫡出子（婚外子）は、認知によって父を相続することができます。そして、相続について、胎児はすでに生まれたものとして扱うので、認知された胎児は父を相続する権利が発生します。遺言書には胎児の母が誰であるのかを明確に記載します。また、遺言による認知の届出は遺言執行者が行うので（戸籍法64条)、遺言執行者の選任も必要です。なお、胎児の認知は母の承諾が必要であるため、遺言執行者が認知の届出をする際に母の承諾書（署名押印があるもの）を添付します。また、胎児の相続権は生きて産まれた場合に効力を生じますから、死産の場合は相続権を失います。

記載例19　特別養子に出した子に財産を遺したい場合の遺言書

子を養子に出した場合、養子には実父母と養父母の２組の父母がいることになります。養子には、実父母との法的な親子関係を維持する普通養子と、実父母との法的な親子関係を切断する特別養子の２種類があります。普通養子の場合、遺言に記載しなくても実父母の財産を養子に相続させることができますが、特別養子の場合、実父母との間の親族関係が切断されているため、遺言に記載する方式によらなければ、特別養子に出した子に財産を遺すことができないので注意しましょう。本記載例は、特別養子に出した次男に対して、土地と建物を遺したい場合に用いられる書式です。

記載例20　実親に財産を遺したい場合の遺言書

相続人が配偶者と親である場合、相続分を指定しないと法定相続分に従って配偶者に３分の２、親に３分の１という割合で遺産が振り分けられます。もし、親に法定相続分を超える財産を遺したい場合には、遺言で遺産分割方法の指定などをすることになります。ただし、配偶者の遺留分（本記載例の場合は３分の１）に配慮する必要があります。遺言者は、遺言書の中で親に財産を遺そうとした事情や感謝の気持ちなどをつづるとよいでしょう。

記載例21　特別受益がある場合の遺言書

相続人が被相続人から特別受益を受けていた場合には、その分を相続人の本来の相続分から差し引きます（特別受益の持戻し）。特別受益に該当するものは、①婚姻、養子縁組、生計の資本のための贈与（生前贈与・死因贈与）と、②遺言で与えられる遺贈です。遺贈はそのすべてが特別受益に該当します。ただし、本記載例のように、被相続人が特別受益として差し引かないとの意思を示していた場合は、遺留分の規定に反しない限り、被相続人の意思を尊重します（持戻し免除の意思表示）。また、平成30年（2018年）の相続法改正で、婚姻期間20年以上の夫婦間で、居住用不動産を贈与・遺贈した場合は、持戻し免除の意思表示が推定されることになりました。

なお、特別受益の分が遺留分を侵害している場合、自らの遺留分を侵害されている人は、特別受益者に対して遺留分侵害額請求が可能です。

記載例15　全財産を長男に相続させたい場合の遺言書

遺言書

遺言者○○○○は本遺言書により次のとおり遺言する。

遺言者は、江戸時代より代々続いてきた由緒ある○○家を自分亡き後も無事に存続させていくため、後記の土地及び屋敷を含む全財産を、遺言者の長男○○○○に単独相続させる。ついては、過去においてその保持に努めてきた先祖及び遺言者の意思を継いで、各相続人は、遺産分割協議を行って本遺言と異なる遺産の分割をすることのないよう、また、長男○○は単独相続した趣旨を没却して次の世代へ受け継がせることができなくなることのないよう、切に希望する。

（土地及び屋敷の表示略）

令和○○年○月○日

東京都○○区○○町○丁目○番○号

遺言者　○○○○　㊞

記載例16　未成年者の子どもに財産を遺したい場合の遺言書

遺言書

遺言者○○○は、本遺言書により次のとおり遺言する。

1　遺言者は、以下のマンションの一室を妻○○○○（平成○○年○月○○日生）に相続させる。

名称　○○マンション

所在　東京都○○区○○町○丁目○番地○号

建物番号（専有部分）　○○○号室

2　遺言者は、遺言者名義の以下の預金のすべてを長男○○○○（令和○○年○月○○日生）に相続させる

○○銀行　○○支店　普通預金　口座番号7654321

3　その他、遺言者に属する一切の財産を妻○○○○に相続させる。

4　付言事項

○○が私と○○の子として生まれてきてくれて、本当にうれしく思っています。○○には○○家の長男として、将来を期待しています。お父さんがいなくても自分の信じる道を進んでください。それからお母さんのことを助けてあげてください。

令和○○年○月○日

東京都○○区○○町○丁目○番○号

遺言者　○○○○　㊞

記載例17　成人した２人の子それぞれに財産を遺したい場合の遺言書

遺言書

遺言者は、本遺言書により次のとおり遺言する。

1　遺言者は、以下の財産を長男○○○○（昭和○○年○月○○日生）に相続させる。

⑴　遺言者名義の下記のマンションの一室

名称　○○○○マンション

所在　東京都○○区○○町○丁目○番地○号

建物番号（専有部分）　○○○号室

⑵　遺言者名義の下記の預金すべて

○○銀行　○○支店　普通預金　口座番号1111111

2　遺言者は、以下の財産を長女○○○○（昭和○○年○月○○日生）に相続させる。

⑴　遺言者名義の下記の土地

（不動産の表示略）

⑵　遺言者名義の下記の預金すべて

○○銀行　○○支店　普通預金　口座番号2222222

令和○○年○月○日

東京都○○区○○町○丁目○番○号

遺言者　○○○○　㊞

記載例18　胎児に財産を遺したい場合の遺言書

遺言書

遺言者○○○○は本遺言書により次のとおり遺言する。

（1、2〈他の相続人の相続分に関する記述〉略）

3　次記の者が懐胎している胎児は、遺言者との間の子であることを認知する。

本籍　東京都○○市○○町○丁目○番地

住所　東京都○○区○○町○丁目○番○号

氏名　○○○○（平成○○年○月○日生）

4　遺言者が認知した○○○○が懐胎している胎児に、○○銀行○○支店遺言者名義の定期預金すべてを相続させる。

5　本遺言の遺言執行者として次の者を指定する。

住所　東京都○○区○○町○丁目○番○号

弁護士　○○○○

令和○○年○月○日

東京都○○区○○町○丁目○番○号

遺言者　○○○○　㊞

記載例19　特別養子に出した子に財産を遺したい場合の遺言書

遺言書

遺言者○○○○は本遺言書により次のとおり遺言する。

1　遺言者の妻○○○○に次の土地と建物を相続させる。

（土地、建物の表示略）

2　遺言者の長男○○○○には、○○銀行○○支店遺言者名義の定期預金のすべてを相続させる。

3　遺言者の長女○○○○には、○○銀行○○支店遺言者名義の定期預金のすべてを相続させる。

4　遺言者及び妻○○が特別養子に出した二男○○○○には、次の土地と建物を遺贈する。

（土地、建物の表示略）

5　本遺言の遺言執行者として次の者を指定する。

住所　東京都○○区○○町○丁目○番○号

弁護士　○○○○

令和○○年○月○日

東京都○○区○○町○丁目○番○号

遺言者　○○○○　㊞

記載例20　実親に財産を遺したい場合の遺言書

遺言書

遺言者○○○○は本遺言書により次のとおり遺言する。

1　遺言者の父○○は、遺言者の進学や起業にあたり、その身を削って貯めた金銭を援助してくれた。遺言者の今の地位があるのも、父○○の援助のおかげである。

よって、遺言者は父○○○○に、以下の財産を相続させる。

（資産の内容の表示略）

2　遺言者の死後、妻○○○○は直ちに父○○に係る成年後見人を選任する手続きを行うこと。

3　遺言者は、妻○○○○に次の財産を相続させる。妻○○に相続させる財産は、遺留分に満たないが、今後の生活を送るには十分な財産である。どうか遺留分侵害額請求をしないでほしい。

⑴　○○銀行○○支店遺言者名義の定期預金のすべて

⑵　○○銀行○○支店遺言者名義の定期預金のすべて

4　本遺言の遺言執行者として次の者を指定する。

住所　東京都○○区○○町○丁目○番○号

弁護士　○○○○

令和○○年○月○日

東京都○○区○○町○丁目○番○号

遺言者　○○○○　㊞

記載例21　特別受益がある場合の遺言書

遺言書

遺言者○○○○は本遺言書により次のとおり遺言する。

1　妻、長男、長女の相続分は法定相続分のとおりとする。

2　遺言者の長男○○○○には会社を辞めて事業を始める際に1000万円、長女○○○○には婚姻の際500万円をそれぞれ贈与しているが、これらは双方とも相続分から控除しないものとする。

3　その他相続人に対しこれまでにした贈与は、すべて相続分から控除しないものとする。

令和○○年○月○日

東京都○○区○○町○丁目○番○号

遺言者　○○○○　㊞

7 兄弟姉妹・おい・めい・孫に遺す遺言

記載例22　兄弟姉妹に財産を遺したい場合の遺言書

被相続人に直系卑属（子・孫など）が一人もおらず、直系尊属（父母・祖父母など）がすでに死亡している場合は、兄弟姉妹が相続人になります。もっとも、被相続人に配偶者がいれば、兄弟姉妹の法定相続分は４分の１であり、法定相続分によると大半の遺産は配偶者に振り分けられます。本記載例は、被相続人が兄弟姉妹に対し、法定相続分を超えて、より多くの財産を遺すために作成したものです。この場合は、配偶者の遺留分（２分の１）への配慮が必要です。

記載例23　自分より先に妹が死亡した場合に妹の子に財産を遺す場合の遺言書

遺贈をする相手（受遺者）が遺言者より先に死亡した場合、遺言は無効になり、遺贈するはずであった財産は相続人が引き継ぎます。受遺者の子は、代襲して遺贈を受けることができないので（遺贈には代襲の制度がありません）、受遺者の身内に財産を遺したい場合は、その旨を遺言書に明記しておく必要があります。

相続によって兄弟姉妹が相続人となるべき場合において、その兄弟姉妹が先に死亡していたときは、その子である被相続人のおい・めい（おい・めい）が代襲相続します。しかし、遺贈の場合は代襲が認められませんので、「妹が先に死亡した場合は、その子どもに遺贈するものとする」というように遺言書に明記する必要があるのです。

記載例24　親が先に死亡した孫に財産を遺したい場合の遺言書

本記載例で取り上げているのは、被相続人が死亡したが、それより前に被相続人の長男が死亡していたため、被相続人の配偶者、二男、長男の子（被相続人の孫）が相続人となるケースです。

この場合、長男の子は、自分の親である被相続人の子（長男）に代わって、被相続人の財産を相続します（代襲相続）。したがって、長男の子は相続人（代襲相続人）の地位にあることから、被相続人が長男の子に対して「相続させる」旨の遺言をすることができます。遺言書に「相続させる」旨が記載されていれば、不動産登記の名義変更や預貯金の解約などを、他の相続人の協力を必要とすることなく、単独で行うことができます。

もっとも、長男の子が未成年の場合は、原則として、その親権者である長男の妻が財産管理を行います。しかし、本記載例のように財産管理者を別途指定することも可能です。

記載例25　おい・めいに財産を遺したい場合の遺言書

被相続人に子や孫などの直系卑属も父母や祖父母などの直系尊属もいない場合には、その兄弟姉妹（おい・めいの親）が配偶者とともに相続人になります。おい・めいには、原則として相続権はありません。この場合、おい・めいが相続人になるのは、相続人となるはずの自分の親が、すでに死亡している場合であるか、相続欠格や相続廃除によって相続権を失っている場合に限られます（代襲相続）。

ただ、兄弟姉妹に相続させるのではなく、直接おい・めいに財産を遺したいという事情があるときは、遺贈によって財産を遺すことができます。また、兄弟姉妹には遺留分がありませんので、兄弟姉妹については遺留分に対する配慮も不要です。一方、配偶者の遺留分（２分の１）については配慮が必要です。

記載例22　兄弟姉妹に財産を遺したい場合の遺言書

遺言書

遺言者○○○○は本遺言書により次のとおり遺言する。

1　遺言者は、親から引き継いだ事業を、弟○○○○と協力して発展させてきた。弟○○の協力がなければ、事業が成功することもなかったであろう。よって、その貢献に報いるためにも、弟○○には、次の財産を相続させる。

(1)　土地
　(表示略)

(2)　建物
　(表示略)

(3)　○○銀行　○○支店　遺言者名義の当座預金・普通預金のすべて

2　遺言者は、妻○○○○に次の財産を相続させる。妻○○に相続させる財産は、弟○○○○に相続させる財産に比べれば少ないといえるが、今後の生活を送るには十分な財産である。どうか納得してほしい。

　○○銀行　○○支店　遺言者名義の定期預金のすべて

3　本遺言の遺言執行者として次の者を指定する。

　住所　東京都○○区○○町○丁目○番○号
　弁護士　○○○○

令和○○年○月○日

東京都○○区○○町○丁目○番○号
遺言者　○○○○　㊞

記載例23　自分より先に妹が死亡した場合に妹の子に財産を遺す場合の遺言書

遺言書

遺言者○○○○は本遺言書により次のとおり遺言する。

遺言者は、妹○○○○に、遺言者名義の次の口座の全額を遺贈する。

・○○銀行　○○支店

　普通預金　口座番号○○○○○○○○

妹が遺言者より先に死亡した場合は、妹の長男○○に遺贈する。

令和○○年○月○日

東京都○○区○○町○番○号

遺言者　○○○○　㊞

記載例24　親が先に死亡した孫に財産を遺したい場合の遺言書

遺言書

遺言者○○○○は本遺言書により次のとおり遺言する。

1　遺言者は、亡き長男○○○○の長男つまり遺言者の孫○○○○（平成○年○月○日生）に○○株式会社の株式すべてを相続させる。

2　上記1の財産については、孫○○の親権者○○○○には管理させないこととする。

3　上記1の財産の管理者として次の者を指定し、同人に管理させる。

住所　東京都○○区○○町○丁目○番○号

氏名　○○○○

令和○○年○月○日

東京都○○区○○町○丁目○番○号

遺言者　○○○○　㊞

記載例25　おい・めいに財産を遺したい場合の遺言書

遺言書

遺言者○○○○は本遺言書により次のとおり遺言する。

1　遺言者の妻○○○○に次の財産を相続させる。

(1)　土地

（表示略）

(2)　建物

（表示略）

2　遺言者のめい○○○○に○○銀行○○支店遺言者名義の定期預金（口座番号×××××）すべてを遺贈する。子どものいない遺言者夫婦にとって、死後の供養をしてくれる親族はめい○○のみであり、その母○○○○つまり遺言者の姉とも協議の上、この遺贈を行うこととしたものである。

3　本遺言の遺言執行者として次の者を指定する。

住所　東京都○○区○○町○丁目○番○号

氏名　○○○○

令和○○年○月○日

東京都○○区○○町○丁目○番○号

遺言者　○○○○　㊞

8 特定の人に財産を残したくない場合の遺言

記載例26　離婚調停中の配偶者に相続させたくない場合の遺言書

相続の時点における配偶者（法律上の配偶者）は、常に相続人になります。それは離婚調停中であっても同じです。ただ、配偶者に遺産を一切与えたくない場合は、全遺産を遺言によって、他の相続人に相続させるか、第三者に遺贈することができます。遺言書に「配偶者には一切の財産を相続させない」と書いても、その遺言自体は無効ではありません。しかし、配偶者については遺留分への配慮が必要です。本記載例の場合、被相続人の妻が長男・長女に対して遺留分侵害額請求権を行使すると、長男・長女はそれに応じる義務が発生します。

記載例27　兄弟姉妹に財産を遺したくない場合の遺言書

被相続人に子や孫などの直系卑属も父母や祖父母などの直系尊属もいない場合は、被相続人の配偶者とともに兄弟姉妹が相続人になります。この場合、配偶者の相続分が４分の３、兄弟姉妹の相続分が４分の１です。遺言がなければ、この割合で遺産が分割されます。

ただ、日頃疎遠な兄弟姉妹に相続させるよりも、むしろ自分の財産形成に大きく貢献してくれた配偶者に全財産を残したい場合もあるでしょう。そのときは、本記載例のように、遺言を書いておく必要があります。遺言を書けば、兄弟姉妹に遺留分はないため、遺産の全部を配偶者に相続させることができます。

記載例28　子に財産を遺したくない場合の遺言書

子に財産を遺したくない場合、遺言書に子に財産を与えない旨を記載することができます。ただ、子には遺留分があるので、遺留分侵害額請求権を行使することが考えられます。そこで、子に遺留分侵害額請求を行わないように記載します。本記載例のように、子の対応が原因であれば、命令口調で書いてもよいでしょう。また、親を虐待するなど、子（推定相続人）に著しい非行がある場合は、遺言で子を推定相続人から廃除することができます。その際には、遺言執行者の選任が必要ですから、遺言執行者についても記載します。

記載例29　推定相続人を廃除する場合の遺言書

被相続人は、①被相続人を虐待した者、②被相続人に重大な侮辱を加えた者、③その他の著しい非行があった者を、推定相続人から廃除できます。廃除の対象者は遺留分をもつ推定相続人（配偶者、直系卑属、直系尊属）だけです。遺留分がない兄弟姉妹に相続させたくない場合は、全財産を他の相続人に相続させるか、他人に遺贈する旨の遺言を書けばよいでしょう。また、廃除を遺言で行う場合は、遺言執行者が家庭裁判所に廃除を請求するので、遺言執行者の選任も遺言で行うことが必要です。なお、廃除された者に子（被相続人の孫）がいれば、その子が代襲相続するので、遺留分への配慮が必要です。

記載例30　廃除を取り消して財産を遺す場合の遺言書

家庭裁判所による廃除の審判が確定すると、廃除の対象となった推定相続人は相続権を失います。しかし、廃除は被相続人の意思に基づくものですから、被相続人の気持ちが変わって廃除を取り消そうと決めた場合は、いつでも廃除の取消しを家庭裁判所に申し立てることができます。また、遺言で廃除の取消しを求めることも可能です。

本記載例は、遺言で廃除の取消しを求める場合に用います（廃除をする場合と同様に遺言執行者の選任が必要です）。家庭裁判所により廃除が取り消されると、相続権は元に戻ります。廃除には一定の理由が必要ですが、廃除の取消しには特別な理由が要りません。

記載例26　離婚調停中の配偶者に相続させたくない場合の遺言書

遺言書

遺言者○○○○は本遺言書により次のとおり遺言する。

1　遺言者の長男○○○○、長女○○○○に全財産の２分の１ずつを相続させる。

2　現在離婚調停中の遺言者の妻○○○○には、調停成立前であるとしても、一切の財産を相続させない。

3　本遺言の遺言執行者として次の者を指定する。

住所　東京都○○区○○町○丁目○番○号

氏名　○○○○

令和○○年○月○日

東京都○○区○○町○丁目○番○号

遺言者　○○○○　㊞

記載例27　兄弟姉妹に財産を遺したくない場合の遺言書

遺言書

遺言者○○○○は本遺言書により次のとおり遺言する。

1　遺言者の妻○○○○に遺言者の全財産を相続させる。

2　本遺言の遺言執行者として次の者を指定する。

住所　東京都○○区○○町○丁目○番○号

弁護士　○○○○

令和○○年○月○日

東京都○○区○○町○丁目○番○号

遺言者　○○○○　㊞

記載例28　子に財産を遺したくない場合の遺言書

遺言書

遺言者○○○○は本遺言書により次のとおり遺言する。

1　遺言者の長男○○○○、長女○○○○、次女○○○○は、遺言者が脳卒中を患い、その後の後遺症で、日常生活を一人では送れない状態にあるにもかかわらず、見舞いはおろか、一切の援助をすることなく今日にいたっている。

そのため、妻○○○○に、遺言者の財産のすべてを相続させるものとし、長男○○、長女○○、次女○○には、一切の財産を相続させないものとする。

2　本遺言の遺言執行者として次の者を指定する。

住所　東京都○○区○○町○丁目○番○号

弁護士　○○○○

令和○○年○月○日

東京都○○区○○町○丁目○番○号

遺言者　○○○○　㊞

記載例29　推定相続人を廃除する場合の遺言書

遺言書

遺言者○○○○は本遺言書により次のとおり遺言する。

1　遺言者の妻○○○○、長男○○○○及び二男○○○○の長男○○○○の３人に、次の財産を法定相続分に応じて相続させる。

（財産の表示略）

2　二男○○は、これを推定相続人から廃除する。二男○○は、○○年○月頃に仕事の失敗があった後、勤労意欲をまったく失い、ギャンブルと酒におぼれた荒んだ日々を送っている。金がなくなると、親である遺言者や妻○○のところに来ては金をせびり、挙句の果ては親に向かって「死んで生命保険金をよこせ」などと罵詈雑言の上、暴力までふるい、制止を振り切っては親の年金を盗むように持ち去っていくことがしばしばである。ついては、わが子ながら、遺言者に対する虐待、重大な侮辱または著しい非行があると考えるものである。

3　本遺言の遺言執行者として、次の者を指定する。

住　所　東京都○○区○○町○丁目○番○号

弁護士　○○○○

令和○○年○月○日

東京都○○区○○町○丁目○番○号

遺言者　○○○○　㊞

記載例30　廃除を取り消して財産を遺す場合の遺言書

遺言書

遺言者○○○○は本遺言書により次のとおり遺言する。

遺言者○○○○は、遺言者の請求により、推定相続人から廃除されている二男○○○○について、相続人廃除を取り消す。

最近、同人がやっと自己を取り戻し、ギャンブルも酒も断って職を見つけて働き始めるとともに、遺言者への言動も昔の優しかった同人に戻ってくれた。遺言者の観るところ、二男○○の改心は本物と判断できる。

ついては、相続人廃除を取り消すことが妥当と考え、本遺言の遺言執行者として次の者を指定する。

住　所　東京都○○区○○町○丁目○番○号

弁護士　○○○○

令和○○年○月○日

東京都○○区○○町○丁目○番○号

遺言者　○○○○　㊞

9 遺産分割についての遺言

記載例31　遺産分割の際のトラブルが予想される場合の遺言書

被相続人は、遺産分割の方法を指定できます。相続開始から５年を超えない期間内の遺産分割を禁じることも可能です。遺産分割方法の指定は、遺留分には配慮する必要がありますが、法定相続分に準じなくてもかまいません。遺言書には、誰に何を相続させるのかを具体的に書く必要があります。不動産は所在・地番・家屋番号などを記載し、預貯金は銀行名・支店名・口座番号などを記載すべきです。株式についても、会社名と株式数が特定できるようにします。

記載例32　遺産分割を禁止する場合の遺言書

相続人は、相続開始後に、原則としていつでも遺産を分割することができます。ただ、被相続人が遺言によって、遺産の一部あるいは全部の分割を禁止している場合は分割が禁止されます。たとえば、本記載例のように、土地や建物を分割したのでは家業を継続できないという場合には、遺言書によって、遺産分割を禁止しておくとよいでしょう。ただし、遺言による遺産分割の禁止期間は５年が限度とされています。そこで、５年を超えても、遺言者の意思に反する遺産分割が行われないようにするためには、相続人が遺言者の意思を尊重してくれるように、遺言書の書き方を工夫する必要があります。

記載例33　第三者に遺産分割方法の指定を委託する場合の遺言書

遺言によって、あらかじめ遺産分割の方法を指定しておいても、相続開始の時点で財産をめぐる状況が大きく変化している可能性があります。その場合、遺言したとおりの方法で遺産分割を行うと、かえって相続人同士の争いに発展することがあります。そこで、本記載例のように、自分の死後、財産の状況に応じて遺産分割方法を決めてもらうよう、第三者に遺産分割方法の指定を委託することができます。相続財産に利害関係のない第三者に決めてもらえば、一応公平な分割として相続人も納得せざるを得なくなります。相続人は、委託された第三者が示した遺産分割方法を承諾する義務を負います。

■ 遺産分割の際のトラブルが予想されるケース（記載例31）……

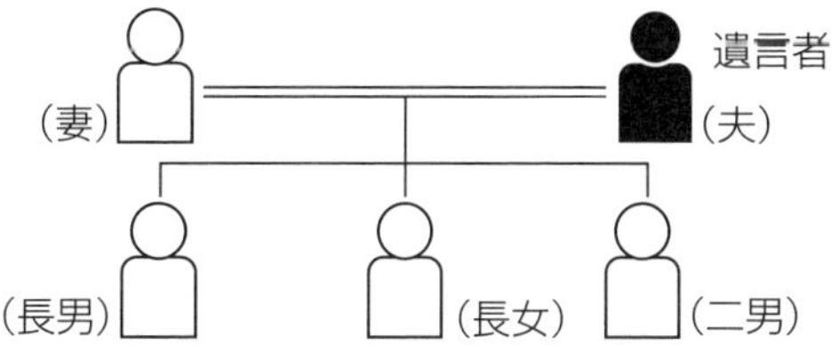

法定相続分	
妻……………………	$\frac{1}{2}$
長男…………	$\frac{1}{2}\times\frac{1}{3}=\frac{1}{6}$
長女…………	$\frac{1}{2}\times\frac{1}{3}=\frac{1}{6}$
二男…………	$\frac{1}{2}\times\frac{1}{3}=\frac{1}{6}$

遺産分割方法の指定	
妻……………	土地・建物
長男…………	○○株式会社の株式
長女…………	○○銀行○○支店の定期預金
二男…………	上記以外の財産

■ 遺産分割方法の指定を委託するケース（記載例33）……………

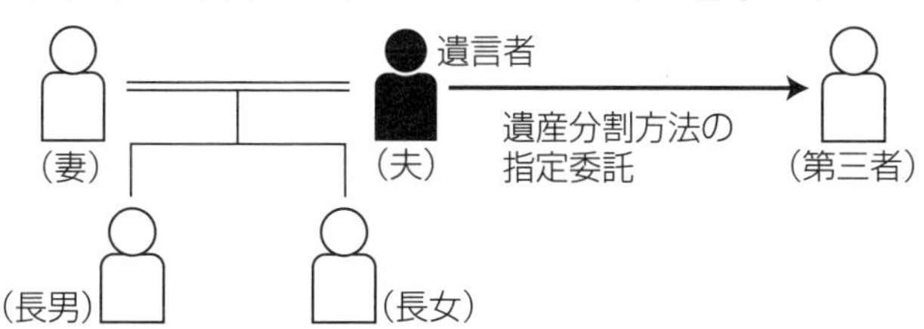

法定相続分	
妻……………………	$\frac{1}{2}$
長男…………	$\frac{1}{2}\times\frac{1}{2}=\frac{1}{4}$
長女…………	$\frac{1}{2}\times\frac{1}{2}=\frac{1}{4}$

記載例31　遺産分割の際のトラブルが予想される場合の遺言書

遺言書

遺言者○○○○は本遺言書により次のとおり遺産分割の方法を指定する。

1　妻○○○○には下記の財産を相続させる。

(1)　土地

(表示略)

(2)　建物

(表示略)

2　長男○○○○には遺言者が所有する○○株式会社の株式壱万株すべてを相続させる。

3　長女○○○○には○○銀行○○支店遺言者名義の定期預金（口座番号×××××）すべてを相続させる。

4　二男○○○○には上記1から3までに記載したもの以外の財産を相続させる。

5　本遺言の遺言執行者として次の者を指定する。

住所　東京都○○区○○町○丁目○番○号

氏名　○○○○

令和○○年○月○日

東京都○○区○○町○丁目○番○号

遺言者　○○○○　㊞

記載例32　遺産分割を禁止する場合の遺言書

遺言書

遺言者○○○○は本遺言書により次のとおり遺言する。

1　遺言者の財産の中、家業である染物店を継続して営業していく上で最低限必要な下記の土地、建物、設備一式は、相続開始のときより5年間分割を禁止する。なお、禁止期間として定めた5年を経過した後も下記3以外の方法によっては分割せず、さらに引き続き家業を守っていくことを希望する。

(土地、建物、設備一式の表示略)

2　預金等のその他の財産は、各相続人に当初から法定相続分に応じて分割相続させるものとする。

3　上記1で定めた禁止期間の5年を経過した後も家業を継続することができるよう、上記1の財産の望ましい遺産分割方法を定めることを次の者に委託する。

住所　東京都○○区○○町○丁目○番○号

氏名　○○○○

令和○○年○月○日

東京都○○区○○町○丁目○番○号

遺言者　○○○○　㊞

記載例33　第三者に遺産分割方法の指定を委託する場合の遺言書

遺言書

遺言者○○○○は本遺言書により次のとおり遺言する。

1　遺言者の財産のすべては、各相続人に法定相続分に応じて分割相続させるものとする。

2　遺産分割の方法は、遺言者がもっとも信頼する友人である次の者に指定を委託する。

住所　東京都○○区○○町○丁目○番○号

氏名　○○○○

令和○○年○月○日

東京都○○区○○町○丁目○番○号

遺言者　○○○○　㊞

10 遺留分についての遺言

記載例34　遺留分を侵害する場合の遺言書

遺言によって自分の財産をどのように処分するかは、遺言者（被相続人）の自由ですが、遺族の生活も保障も重要です。そこで、兄弟姉妹以外の相続人（配偶者、直系卑属、直系尊属）には、最低限の取り分として遺留分が認められています。

遺留分を侵害する遺言自体は有効です。遺留分を侵害された相続人は、遺贈や贈与を受けた相手方に対し、遺留分侵害額請求権を行使して、侵害された遺留分相当額の金銭の支払いを請求することができます。しかし、行使するか否かは相続人の自由なので、本記載例のように、遺言したとおりの相続を実現するため、遺留分侵害額請求権を行使しないように希望を述べておくとよいでしょう。

記載例35　特定の者に遺留分を放棄してもらいたい場合の遺言書

本記載例のように、遺言に「遺留分を放棄してほしい」旨を明記しても、遺留分が認められる相続人に強制はできませんが、遺言者の意思を伝えることは可能です。この場合、相続人が納得できる理由も記載しましょう。遺留分に配慮した相続をさせるのであれば、①他の財産を相続させる（本記載例の場合は、会社事業と関係のない財産を相続させる）、②遺言により相続させた者から遺留分を放棄した者に対して金銭を支払うことで調整する、などの方法が考えられます。

なお、相続開始後における遺留分の放棄は、単に遺言により自己の遺留分を侵害する相続が行われることを認める（遺留分放棄の意思表示をする）だけで実現します。

記載例34　遺留分を侵害する場合の遺言書

遺言書

遺言者○○○○は本遺言書により次のとおり遺言する。

1　遺言者は、遺言者の妻○○○○に全財産を相続させる。

2　他の相続人には相続分がないが、承知のように妻○○は老人性認知症が進行しており、遺言者亡き後は特別養護老人ホームに入所せざるを得ない。また、そうすることが他の相続人に過重な負担を強いることがない唯一の方法だと考える。ついては妻○○の老後生活に必要な費用を確保するため上記1のとおり遺言するので、遺言者の配慮を十分汲み取って、他の相続人は遺留分侵害額請求を行わないよう切に希望するものである。

3　本遺言の遺言執行者として次の者を指定する。

住所　東京都○○区○○町○丁目○番○号

弁護士　○○○○

令和○○年○月○日

東京都○○区○○町○丁目○番○号

遺言者　○○○○　㊞

記載例35　特定の者に遺留分を放棄してもらいたい場合の遺言書

遺言書

遺言者○○○○は本遺言書により次のとおり遺言する。

1　遺言者所有の株式会社○○○○の株式○○株について、全株式を長男○○○○に相続させる。

2　遺言者の上記1以外の財産については、長男○○、妻○○○○、次男○○○○に法定相続分の割合で相続させる。

3　妻○○及び次男○○には、株式会社○○○○の事業を円滑に継続させるために、その遺留分を放棄することを希望する。

4　本遺言の遺言執行者として次の者を指定する。

住所　東京都○○区○○町○丁目○番○号

弁護士　○○○○

令和○○年○月○日

東京都○○区○○町○番○号

遺言者　○○○○　㊞

11　寄与分・特別寄与がある場合の遺言

記載例36　相続財産の中に寄与分がある場合の遺言書

被相続人の財産の維持または増加に特別の寄与（貢献）をした相続人（寄与者）は、本来の相続分とは別に、その寄与分を相続財産の中から取得できます。寄与分を反映させる場合は、遺産の総額から寄与分を差し引いた額をみなし相続財産として確定し、そのみなし相続財産を相続分に応じて分け合います。そして、寄与者は、自らの相続分に寄与分を加えた額を受け取ることができます。

寄与分は相続人間の協議（協議が調わない場合は家庭裁判所の審判）で決めるものであるため、遺言による寄与分の指定は強制力を持ちませんが、本記載例のように、特定の相続人の具体的な貢献について、遺言書に記載しておくことには一定の意義があります。

記載例37　生前世話になった息子の妻に財産を遺したい場合の遺言書

被相続人と息子の妻とは法律上の親子関係がありませんから、息子の妻に遺産を相続させることはできません。ただ、献身的に介護してくれた息子の妻に財産を遺したいと考える場合で、息子がすでに死亡しているときは、本記載例のように遺贈という形で自らの財産を与えることができます。どの財産を与えるのかを遺言書で明らかにしておくとよいでしょう。

なお、息子の妻に財産を遺す方法には、養子縁組をすることも考えられますが、平成30年（2018年）の相続法改正により、特別寄与料の支払いという方法をとることができるようになりました。特別寄与料とは、無償で被相続人の療養看護などを行い、被相続人の財産の維持・増加に尽力した相続人以外の親族が、相続人に対して請求できるものです。本記載例における息子の妻（1親等の姻族にあたります）は、特別寄与料を請求できる場合には、これを相続人に対して請求することにより、被相続人の一定の財産を受け取ることができます。

記載例38　親の後妻に財産を遺したい場合の遺言書

遺留分を有する相続人がいる場合は、トラブル防止のため、本記載例のように、血縁関係のない親の後妻に遺贈する理由を明記するとよいでしょう。遺言者の親が再婚し、その再婚相手と遺言者が養子縁組をしていないなど、再婚相手が遺言者の相続人とならない場合は、再婚相手に「遺贈する」ことを明記する必要があります。相続人以外の者に遺贈する場合は、遺言執行者を指定しておかなければ、登記申請や預貯金の解約に際し、相続人全員の協力が必要になるため、遺言内容の実現が円滑に進まないことに注意を要します。

なお、平成30年（2018年）の相続法改正により新設された、相続人以外の親族に対する特別寄与料の支払いの対象になる場合も考えられます。

■ 相続財産の中に寄与分があるケース（記載例36）

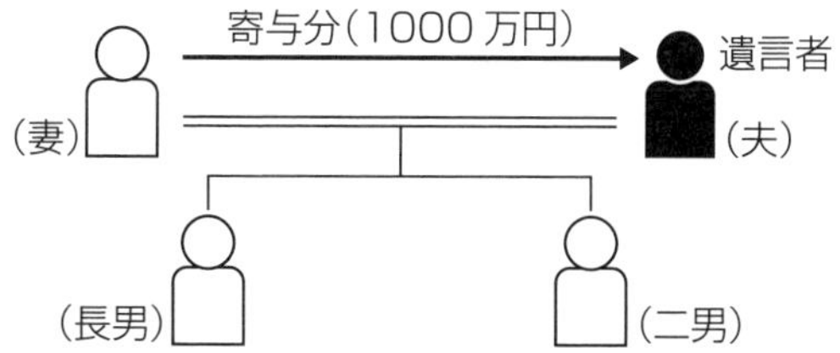

法定相続分		寄与分考慮後の相続分	
妻	$\frac{1}{2}$	妻	(遺産総額－1000万円) $\times \frac{1}{2}$ ＋1000万円
長男	$\frac{1}{2} \times \frac{1}{2} = \frac{1}{4}$	長男	(遺産総額－1000万円) $\times \frac{1}{4}$
二男	$\frac{1}{2} \times \frac{1}{2} = \frac{1}{4}$	二男	(遺産総額－1000万円) $\times \frac{1}{4}$

記載例36　相続財産の中に寄与分がある場合の遺言書

遺言書

遺言者○○○○は本遺言書により次のとおり遺言する。

1　遺言者の妻○○○○には、寄与分の1000万円に加え、当該寄与分を控除した残りの財産の２分の１を相続させる。妻○○は、遺言者が会社員を辞めて事業を始めた際に、その開業資金の一部として1000万円を支弁してくれたものである。この協力がなければ遺言者の現在の財産の形成はなかったといっても過言ではない。

2　長男○○○○及び二男○○○○には、上記１の妻○○に対する寄与分1000万円を控除した残りの財産の４分の１をそれぞれ相続させる。妻○○への寄与分を控除しないで息子たちの法定相続分相当額を計算すると、本遺言による額を上回るが、他方で当該額は遺留分を下回るわけではない。息子たちは、上記のとおり、母の協力があって今日があることを忘れないとともに、母の老後の生活に対する父の配慮をよくよく理解してほしい。

令和○○年○月○日

東京都○○区○○町○丁目○番○号

遺言者　○○○○　㊞

記載例37　生前世話になった息子の妻に財産を遺したい場合の遺言書

遺言書

遺言者○○○○は本遺言書により次のとおり遺言する。

1　遺言者の長男○○○○は５年前に死亡したが、その後長男○○の妻○○○○は、同居ではなかったものの、毎日のように遺言者のもとを来訪しては献身的な世話をしてくれた。遺言者は、夫を亡くして働きながら子どもを育て、そして遺言者の面倒まで必死にみてくれた長男の妻○○に大変感謝している。

ついては、遺言者○○○○は、その労苦に報いるため、長男の妻○○に○○銀行○○支店遺言者名義の定期預金（口座番号×××××）のすべてを遺贈する。

2　上記以外の財産については、遺言者の妻○○○○、長女○○○○、二男○○○○、長男の子○○○○に、それぞれ法定相続分どおりの相続をさせる。

令和○○年○月○日

東京都○○区○○町○丁目○番○号

遺言者　○○○○　㊞

記載例38　親の後妻に財産を遺したい場合の遺言書

遺言書

遺言者○○○○は本遺言書により次のとおり遺言する。

遺言者は、父の後妻である○○○○に次の口座にある預金の全部を遺贈する。

○○銀行　○○支店

普通預金　口座番号　○○○○○○○○

これは、後妻が、血縁関係にない自分を実の子同然に育ててくれたことに対する感謝の気持ちである。

ついては、本遺言の遺言執行者として次の者を指定する。

住所　東京都○○区○○町○丁目○番○号

弁護士　○○○○

令和○○年○月○日

東京都○○区○○町○丁目○番○号

遺言者　○○○○　㊞

12 負担付遺贈をする遺言や相続権のない者にする遺言

記載例39　子に妻の老後の世話を頼みたい場合の遺言書

親の扶養をするほど子に十分な経済的余裕がない場合、負担付遺贈をする方法があります。子の１人に「母親の扶養をする」という負担をつけて全部または一部の財産を遺贈し、そこから親の生活費などを工面させます。子が負担付遺贈を放棄すれば、負担付遺贈で利益を受けるはずの者（本記載例では母親）が、遺贈の対象財産を受け取ることができます（民法1002条２項）。また、受遺者が負担した義務を果たさない場合、他の相続人は負担付遺贈の取消しを請求できます。

記載例40　生前恩を受けた人にも財産を贈りたい場合の遺言書

遺贈は遺言によって財産を贈るものですが、遺産分割方法の指定（相続人に対してのみ可能）と異なり、相続人以外の第三者に対しても遺贈することができます。生前に世話になった恩人や、身の周りの面倒を見てくれた人がいる場合、その人に遺産の全部または一部を贈りたい場合は、本記載例のように、遺言書にその人の氏名、住所、生年月日、遺贈したい財産などを明らかにして遺贈を行います。

ただ、相続権のない他人に遺産を贈ることになるので、相続人から充分な理解を得なければなりません。兄弟姉妹以外の相続人には遺留分がありますので、遺留分侵害額請求権を行使される可能性も考慮する必要があります。なお、遺贈を受けたくない相手方（受遺者）は、遺贈を放棄することもできます。

記載例41　相続人のいない者が遺贈する場合の遺言書

配偶者がすでに死亡し、直系卑属・直系尊属・兄弟姉妹もいない場合は、相続人が誰もいないことになります。この場合、本記載例のように、被相続人と生計を同じくしていた者や、被相続人の療養看護に努めた者など、被相続人と特別の縁故があった者（特別縁故者）に財産を分け与えることができます。

具体的には、一緒に暮らしていた内縁の配偶者や、生前に世話になった老人ホームなどが、特別縁故者として認められる可能性があります。それでも残った被相続人の財産は国庫に帰属するため、国に財産をとられたくないのであれば、遺贈という形で特定の人に贈る意思を示すとよいでしょう。

記載例42　ペットの世話を頼む場合の遺言書

ペットを飼っているが、自分の死後に世話をする家族がいないという場合に、ペットを誰かに遺贈することも考えられますが、世話をするにはお金も手間もかかるため、その相手方（受遺者）が遺贈を放棄するかもしれません。そこで、本記載例のように、負担付遺贈の形で「ペットを飼育する義務を負う」という負担をつけて、金品などの財産を遺贈する方法をとるとよいでしょう。

■ 生前恩を受けた人にも財産を贈りたいケース（記載例40）……

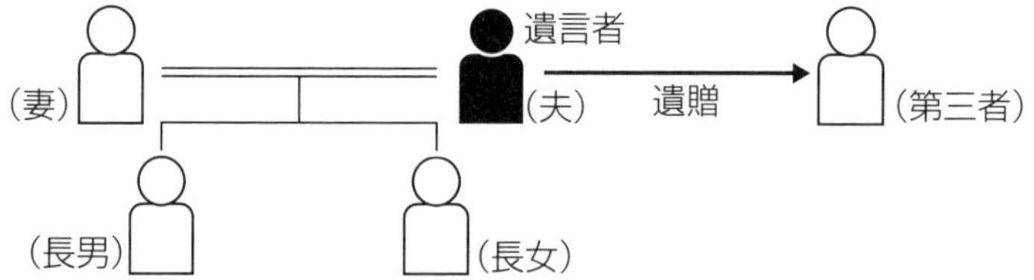

法定相続分		遺　贈	
妻	$\frac{1}{2}$	第三者	○○銀行○○支店の定期預金
長男	$\frac{1}{2}\times\frac{1}{2}=\frac{1}{4}$		
長女	$\frac{1}{2}\times\frac{1}{2}=\frac{1}{4}$		

記載例39　子に妻の老後の世話を頼みたい場合の遺言書

遺言書

遺言者○○○○は本遺言書により次のとおり遺言する。

1　遺言者の長男○○○○に次の財産を遺贈する。

(1)　土地

(表示略)

(2)　建物

(表示略)

(3)　○○銀行○○支店遺言者名義の定期預金（口座番号××××

×）すべて

2　長男○○は、上記1を遺贈する負担として、遺言者の妻○○○○の生存中、1か月当たり15万円を月末に支払うとともに、身の回りの面倒をみるものとする。

3　上記1以外の財産は長女○○○○、二女○○○○に均等に相続させる。

4　本遺言の遺言執行者として次の者を指定する。

住所　東京都○○区○○町○丁目○番○号

弁護士　○○○○

令和○○年○月○日

東京都○○区○○町○丁目○番○号

遺言者　○○○○　㊞

記載例40　生前恩を受けた人にも財産を贈りたい場合の遺言書

遺言書

遺言者○○○○は本遺言書により次のとおり遺言する。

（1～4〈相続人の相続分に関する記述〉略）

5　○○○○（東京都○○区○○町○丁目○番○号在住 昭和○年○月○日生）に○○銀行○○支店遺言者名義の定期預金（口座番号×××××）すべてを遺贈する。同人は介護福祉士として遺言者の日々の生活に関する世話を十分以上にしてくれ、仕事の関係で遠く離れて暮らしている遺言者の子どもたちも同人の献身ぶりには大変感謝している。よって、各相続人の同意を得て、この遺贈を行うこととしたものである。

6　本遺言の遺言執行者として次の者を指定する。

住所　東京都○○区○○町○丁目○番○号

弁護士　○○○○

令和○○年○月○日

東京都○○区○○町○丁目○番○号

遺言者　○○○○　㊞

記載例41　相続人のいない者が遺贈する場合の遺言書

遺言書

遺言者○○○○は本遺言書により次のとおり遺言する。

1　遺言者は天涯孤独の身であり、相続人はいない。ついては、次項以下に示すように財産を処分する。

2　次の土地は地元の学校法人○○会（住所 東京都○○区○○町○丁目○番○号）に遺贈する。

（土地の表示略）

3　遺言者が今まで収集してきた次の絵画、彫刻は都立○○美術館（住所 東京都○○区○○町○丁目○番○号）に遺贈する。

（絵画、彫刻の表示略）

4　上記以外の財産はすべて換価処分し、その１割にあたる売得金を５の遺言執行者への報酬として支払い、残りを一般財団法人○○協会に寄付する。

5　本遺言の遺言執行者として次の者を指定する。

住所　東京都○○区○○町○丁目○番○号

弁護士　○○○○

令和○○年○月○日

東京都○○区○○町○丁目○番○号

遺言者　○○○○　㊞

記載例42　ペットの世話を頼む場合の遺言書

遺言書

遺言者○○○○は本遺言書により次のとおり遺言する。

1　遺言者は妻○○○○に次の財産を相続させる。

⑴　遺言者名義のマンション

（不動産の表示略）

⑵　○○銀行○○支店遺言者名義の定期預金（口座番号×××××）

2　遺言者は子○○○○に次の財産を相続させる。

○○銀行○○支店遺言者名義の定期預金（口座番号×××××）

3　遺言者とペット同好会の仲間である○○○○（東京都○○区○○町○丁目○番○号居住、昭和○年○月○日生）に次の財産を遺贈する。

（財産の表示略）

4　受遺者○○○○は、上記3の遺贈に対する負担として、遺言者が長年育ててきた猫の「ココ」を生涯大事に面倒をみること。また、その死後は手厚く埋葬する義務を負うものとする。

5　本遺言の遺言執行者として次の者を指定する。

住所　東京都○○区○○町○丁目○番○号

弁護士　○○○○

令和○○年○月○日

東京都○○区○○町○丁目○番○号

遺言者 ○○○○　㊞

13 その他の遺言①（債務などがある場合）

記載例43　損害賠償債権を相続させたい場合の遺言書

交通事故などの不法行為や、売買などの契約に基づく債務の不履行があった場合、被害者（債権者）は、相手方（加害者・債務者）に対して損害賠償を請求することができます。被相続人が誰かに対して損害賠償請求権（損害賠償債権）をもっている場合、相続人は、その損害賠償請求権を相続します。相続人が複数いる場合は、それぞれの相続分に応じて相続しますが、本記載例のように、遺言で特定の相続人に損害賠償請求権の全部を相続させることもできます。

特定の相続人に損害賠償請求権を相続させる場合は、遺言書に、加害者（債務者）の住所・氏名、損害の発生日・発生場所、請求金額などを明確に書いておく必要があります。

記載例44　相続財産の中に借金がある場合の遺言書

被相続人に住宅ローンの残債務返済分（マイナスの相続財産）がある場合は、本記載例のように、１人の相続人が不動産と残債務を一緒に相続するように遺産分割の方法を指定するとよいでしょう。

ただし、被相続人の債務については、法定相続分に応じて各相続人が負担し、債権者が債務の指定相続分を承認しない限り、債権者には指定相続分を主張できません。一方、相続人間では債務の指定相続分を主張できるので、たとえば、長女が住宅ローンの残債務を返済すれば長男に求償ができます。

記載例45　特定の者に借入金の債務と抵当権を相続させる場合の遺言書

土地・建物に設定された抵当権の負担は、その抵当権によって担保される債務と一緒に、相続人全員に法定相続分に応じて相続されます。一般的に、遺言によって土地・建物を特定の相続人に相続させる場合は、その土地・建物に設定された抵当権によって担保される債務も一緒に、その特定の相続人に相続させます。しかし、この遺言は債務者を相続人全員から特定の相続人に変更すること、つまり債務の名義変更にあたるため、債権者の承認が必要とされています。

債権者が承認しない場合は、相続人全員が法定相続分に応じて債務を負担します。債権者が承認した場合は、不動産の名義人を次男に変更する登記（所有権移転登記）をした後、抵当権者と次男が共同で抵当権の債務者を次男へ変更する登記を申請します。他方、債権者が承認しない場合は、次男への所有権移転登記後、債権者と次男が共同で抵当権の債務者を相続人全員に変更する登記の申請が必要です。

記載例46　相続人の１人に財産の担保責任を負わせる場合の遺言書

各相続人は、他の相続人に対し、お互いに公平な分配を行うため、その相続分に応じた担保責任を負います（民法911条～913条）。たとえば、数量が不足していたり破損していたりしていたため、価値が下がった相続財産がある場合、各相続人は、自らの相続分に応じて、共同して価値が減った分の穴埋めをするのです。また、被相続人に第三者に対する債権がある場合も、それが回収できないときは、そのマイナス分を各相続人が相続分に応じて穴埋めします。

こうした法定の担保責任は、本記載例のように、遺言によって変更することができます（民法914条）。たとえば、相続人のうちの１人に担保責任を負わせることも可能です。

記載例43 損害賠償債権を相続させたい場合の遺言書

遺言書

遺言者○○○○は本遺言書により次のとおり遺言する。

1　妻○○○○に下記の損害賠償債権を相続させる。なお、詳細については、別添の書類を参照すること。

記

(1)　被告 東京都○○区○○町○丁目

○○○○

(2)　損害の発生日・発生場所

令和○○年○月○日○○町○丁目交差点にて、遺言者は被告○○○○の運転する乗用車と接触し、肋骨骨折、全身打撲などの傷害を受け、治療費その他の損害を被った。

(3)　請求金額 250万円

(4)　原告側代理人

東京都○○区○○町○丁目

弁護士　○○○○

2　(以下省略)

令和○○年○月○日

東京都○○区○○町○丁目○番○号

遺言者　○○○○　㊞

記載例44　相続財産の中に借金がある場合の遺言書

遺言書

遺言者○○○○は本遺言書により次のとおり遺言する。

1　長男○○○○には次記の財産を、当該財産に係る住宅ローンの残債務とともに相続させる。

⑴　土地

（表示略）

⑵　建物

（表示略）

2　長女○○○○には○○銀行○○支店遺言者名義の定期預金（口座番号×××××）すべてを相続させる。長女○○の相続分は少なくなるが、長男○○が住宅ローンの残債務をすべて負担することを考慮して理解してほしい。

3　本遺言の遺言執行者として次の者を指定する。

住所　東京都○○区○○町○丁目○番○号

弁護士　○○○○

令和○○年○月○日

東京都○○区○○町○丁目○番○号

遺言者 ○○○○　㊞

記載例45　特定の者に借入金の債務と抵当権を相続させる場合の遺言書

遺言書

遺言者○○○○は本遺言書により次のとおり遺言する。

遺言者は、次男○○に、以下の土地・建物を相続させるとともに、○○銀行○○支店からの借入金○○○○万円に対する債務と、以下の土地・建物に設定された抵当権の負担を相続させる。

(1)　土地

所在　東京都○○区○○町○丁目

地番　○番○

地目　宅地

地積　100.00㎡

(2)　建物

所在　東京都○○区○○町○丁目○番地○

家屋番号　○番○

種類　居宅

構造　木造ストレート葺1階建

床面積　70.00㎡

令和○○年○月○日

東京都○○区○○町○丁目○番○号

遺言者　○○○○　㊞

記載例46　相続人の１人に財産の担保責任を負わせる場合の遺言書

遺言書

遺言者○○○○は本遺言書により次のとおり遺産分割の方法を指定する。

（１～３〈他の相続人の相続分に関する記述〉略）

４　各相続人がそれぞれ取得した財産に数量不足、滅失、毀損、瑕疵等があったときは、取得した相続人の如何を問わず、遺言者の長男○○○○のみがすべての担保責任を負うものとする。

５　本遺言の遺言執行者として次の者を指定する。

住所　東京都○○区○○町○丁目○番○号

氏名　○○○○

令和○○年○月○日

東京都○○区○○町○丁目○番○号

遺言者　○○○○　㊞

14 その他の遺言②（遺言執行者の指定や選任など）

記載例47　祭祀承継者を指定する場合の遺言書

先祖代々の墓地や仏壇などを受け継ぐ人のことを祭祀承継者といいます。本記載例のように、遺言書で祭祀承継者として望む者を指定できます。また、祭祀には費用がかかりますから、その資金も祭祀承継者に譲り渡しておくべきでしょう。なお、遺言で祭祀承継者の指定がないときは慣習によります。慣習が明らかでない場合は、家庭裁判所で祭祀承継者を決めてもらいます（民法897条）。

記載例48　子の未成年後見人を指定する場合の遺言書

未成年の子どもに親がいないとき、親権者に代わって未成年後見人が子の身上監護や財産管理を行います。そして、未成年後見人は、最後に親権を行う者（管理権がない場合は除く）を遺言で指定することができます。本記載例は、未成年後見人を指定する場合に用いるものです。未成年後見人は複数選任することもできます。未成年後見人は親権者と同じような権限と責任をもちますから、信頼できる人物を指定する必要があります。未成年後見人の指定と同時に、未成年後見監督人を指定することも可能です。未成年後見監督人とは、未成年後見人の事務を監督する者のことをいいます。

記載例49　遺言執行者を指定する場合の遺言書

本記載例のように、遺言書の中で遺言執行者を指定しておけば、遺言書に記載された内容を確実に実行してもらうことができます。未成年者と破産者以外であれば、誰でも遺言執行者になる資格があります（民法1009条）。しかし、相続財産の管理その他遺言の執行に必要な一切の行為をする権利義務をもちますので（民法1012条１項）、法律や税金に詳しい弁護士や税理士などに依頼するのが安全です。

記載例50　複数の遺言執行者を選任したい場合の遺言書

事情を知らない者に遺言執行者を任せたくない事案を頼む場合は、事情を知る親族や友人を選任するとよいでしょう。しかし、親族や友人が法律や税金に詳しくなければ、原則的には親族や友人に遺言執行者としての職務を遂行してもらい、法律や税金の専門的知識を要する手続は弁護士や税理士に任せるなど、複数の遺言執行者を選任し、遺言書に役割分担を記載するとよいでしょう。

記載例51　遺言執行者の報酬を決めておく場合の遺言書

遺言執行者の報酬は、遺言者が遺言書で具体的な金額を記載しておけば、その額になります。遺言書に記載されていなければ、相続人と遺言執行者とで話し合って決めるか、家庭裁判所に決めてもらいます（民法1018条）。報酬の額は、対象財産の額、遺言執行に要する時間などを考慮して決めます。なお、遺言執行者は忠実に任務を行うとともに、遺言執行の状況について相続人に報告する義務を負います。

記載例52　生命保険金の受取人を変えたい場合の遺言書

相続問題に関係がある保険金は、主に生命保険金です。保険金受取人が被相続人になっており、受取人の変更をしないまま被相続人が死亡した場合、保険金請求権は相続財産の一部として、各相続人が相続分に応じて相続します。一方、保険金受取人が被相続人以外の人になっている場合は、受取人として記載された人が保険契約に基づいて直接保険金を請求できます（この場合の保険金請求権は相続財産に含まれません）。なお、生命保険金は遺贈や贈与に該当せず、原則として保険金を受け取っても遺留分侵害額請求を受けないとされています。

記載例47　祭祀承継者を指定する場合の遺言書

遺言書

遺言者○○○○は本遺言書により次のとおり遺言する。

1　遺言者は妻○○○○に次の財産を相続させる。

(1)　遺言者名義のマンション

(不動産の表示略)

(2)　○○銀行○○支店遺言者名義の定期預金(口座番号×××××)

2　遺言者は長男○○○○に次の財産を相続させる。

(1)　○○銀行○○支店遺言者名義の定期預金(口座番号×××××)

3　遺言者は、祖先の祭祀を主宰する者として長男○○○○を指定する。長男○○には墓地を含む○○家代々の墓及び仏壇など祭祀に必要な財産の一切を相続させる。

4　祭祀に必要な費用にあてるため、○○銀行○○支店遺言者名義の預金の全部を長男○○に相続させる。

5　本遺言の遺言執行者として次の者を指定する。

住所　東京都○○区○○町○丁目○番○号

弁護士　○○○○

令和○○年○月○日

東京都○○区○○町○丁目○番○号

遺言者　○○○○　㊞

記載例48　子の未成年後見人を指定する場合の遺言書

遺言書

遺言者○○○○は本遺言書により次のとおり遺言する。

1　遺言者の長女○○○○（平成○年○月○日生）及び長男○○○○（令和○年○月○日生）に、遺言者の財産のすべてを法定相続分に従ってそれぞれ2分の1ずつ相続させる。

2　長男○○については未成年者であるため、未成年後見人として次の者を指定する。

住所　東京都○○区○○町○丁目○番○号

氏名　○○○○

3　長男○○の未成年後見監督人として次の者を指定する。

住所　東京都○○区○○町○丁目○番○号

弁護士　○○○○

令和○○年○月○日

東京都○○区○○町○丁目○番○号

遺言者　○○○○　㊞

記載例49　遺言執行者を指定する場合の遺言書

遺言書

遺言者○○○○は本遺言書により次のとおり遺言する。

1　遺言者は妻○○○○に次の財産を相続させる。

(1)　遺言者名義のマンション

名称　○○○○マンション

所在　東京都○○区○○町○番○号

建物番号（占有部分）　○○号室

(2)　○○銀行○○支店遺言者名義の定期預金（口座番号×××××）

2　遺言者は長男○○○○に次の財産を相続させる。

○○銀行○○支店遺言者名義の定期預金（口座番号×××××）

3　遺言者は長女○○○○に次の財産を相続させる。

○○銀行○○支店遺言者名義の定期預金（口座番号×××××）

4　本遺言の遺言執行者として次の者を指定する。

住所　東京都○○区○○町○丁目○番○号

弁護士　○○○○

5　上記遺言執行者の指定については、同氏に依頼の上、承諾を取り付け済みである。相続開始と同時に直ちに同氏に連絡をとること。

令和○○年○月○日

東京都○○区○○町○丁目○番○号

遺言者　○○○○　㊞

記載例50　複数の遺言執行者を選任したい場合の遺言書

遺言書

遺言者○○○○は本遺言書により次のとおり遺言する。

（１～３〈相続人の相続分及び○○○○の認知に関する記述〉略）

４　本遺言の遺言執行者として、次の者を指定する。なお、○○○○の認知に関する手続きは、遺言執行者○○○○が行い、その他の手続きは遺言執行者○○○○が行うものとする。

住所　東京都○○区○○町○丁目○番○号

○○○○

住所　東京都○○区○○町○丁目○番○号

弁護士　○○○○

令和○○年○月○日

東京都○○区○○町○丁目○番○号

遺言者　○○○○　㊞

記載例51　遺言執行者の報酬を決めておく場合の遺言書

遺言書

遺言者○○○○は本遺言書により次のとおり遺言する。

1　遺言者は、以下の財産を妻○○○○（昭和○○年○月○○日生）に相続させる。

（不動産の表示略）

2　本遺言の遺言執行者として次の者を指定する。

住所　東京都○○区○○町○丁目○番○号

氏名　○○○○

3　上記2の遺言執行者の指定については、同氏に依頼の上、承諾を取り付け済みである。相続開始と同時に直ちに同氏に連絡をとること。

4　上記2の遺言執行者の報酬は、遺言者の相続財産の3パーセントとする。なお、遺言の執行に係るその他の費用は、相続財産から別途支弁するものとする。

令和○○年○月○日

東京都○○区○○町○丁目○番○号

遺言者　○○○○　㊞

記載例52　生命保険金の受取人を変えたい場合の遺言書

遺言書

遺言者〇〇〇〇は本遺言書により次のとおり遺言する。

（１～３〈相続人の相続分に関する記述〉略）

４　遺言者が〇〇生命保険相互会社と締結した下記(2)の生命保険契約による生命保険金の受取人を下記(1)の者に変更する。

(1)　住所 東京都〇〇区〇〇町〇丁目〇番〇号

　　氏名 〇〇〇〇

(2)　生命保険契約の内容

　　(契約内容の表示略)

５　遺言者の上記４に示す意思表示を〇〇生命保険相互会社に通知すべく、本遺言の遺言執行者として次の者を指定する。

　　住所 東京都〇〇区〇〇町〇丁目〇番〇号

　　弁護士 〇〇〇〇

令和〇〇年〇月〇日

東京都〇〇区〇〇町〇丁目〇番〇号

遺言者　〇〇〇〇　㊞

15 その他の遺言③

記載例53　遺言で一般財団法人を設立するよう指示する場合の遺言書

本記載例のように、遺言書に定款に記載すべき事項を定めることで、一般財団法人を設立することが可能です。その後、遺言執行者が定款を作成するなど、一般財団法人の設立に必要な事務を行います。一般財団法人は「一般社団法人及び一般財団法人に関する法律」に基づいて設立できる法人であり、非営利（構成員への利益分配を目的としない）であれば、どのような事業でも行えます。芸術家の育成、医療や科学技術の研究など、さまざまな目的で設立されます。

なお、記載例の「(5)　設立に際して設立者が拠出をする財産及びその価額財産の価額」については300万円を下回ることができないので注意が必要です。

記載例54　公益法人などに財産を寄付したい場合の遺言書

自分の死後、遺産を他人のためや、社会のために役立てたいと望むならば、公的機関や公益法人に財産を遺贈（寄付）するのも１つの方法です。とくに相続人がいない場合、遺産を国に持っていかれるよりは、特定の目的ために活動する団体を自分で選び、その団体に適した財産を遺贈する方が、自分の思いを生かせるというものです。

ただし、相続人がいる場合は、その相続人に自分の思いを伝えるとともに、受遺者に対して遺留分侵害額請求権を行使しないように伝えることも重要です。遺言書には、どの団体に対し、どの財産を、何の目的で遺贈するのかを明記します。

記載例53　遺言で一般財団法人を設立するよう指示する場合の遺言書

遺言書

遺言者○○○○は本遺言書により次のとおり遺言する。

1　遺言者は、次のとおり一般財団法人の設立を行う。

(1)　目的 音楽の分野における若い優秀な人材を育成する。

(2)　名称 一般財団法人○○音楽芸術財団

(3)　主たる事務所の所在地 東京都○○区○○町○丁目○番○号

(4)　設立者の氏名及び住所（略）

(5)　設立に際して設立者が拠出をする財産及びその価額（略）

(6)　設立時評議員、設立時理事及び設立時監事の選任に関する事項（略）

(7)　評議員の選任及び解任方法（略）

(8)　公告方法（略）

(9)　事業年度（略）

2　本遺言の遺言執行者として次の者を指定する。

（住所・氏名省略）

令和○○年○月○日

東京都○○区○○町○丁目○番○号

遺言者　○○○○　㊞

記載例54　公益法人などに財産を寄付したい場合の遺言書

遺言書

遺言者○○○○は本遺言書により次のとおり遺言する。

1　地元の社会福祉法人○○会に、児童福祉事業に供するため、現金1000万円を遺贈する。

2　遺言者の居住する東京都○○区に、市街地再開発事業に供するため、次の土地を遺贈する。

(表示略)

3　残りの財産については、遺言者の死亡時におけるすべての相続人に、法定相続分に従って相続させる。

4　上記3の相続人に対しては、遺留分を侵害していても、遺言者の意思を汲んで、遺留分侵害額請求権を行使しないよう希望する。

5　本遺言の遺言執行者として次の者を指定する。

住所 東京都○○区○○町○丁目○番○号

弁護士 ○○○○

令和○○年○月○日

東京都○○区○○町○丁目○番○号

遺言者　○○○○　㊞

16 財産を信託する場合の遺言

記載例55　財産の信託をする場合の遺言書

自分の死後の遺族による財産管理が心配な場合は、本記載例のように遺言信託を利用するとよいでしょう。遺言信託は、遺産の全部または一部を信託銀行などの受託者に管理・運用させ、その利益を受益者が銀行から受け取るものです。なお、遺言で成年後見人を指定しても単なる希望にすぎず、その効力は生じませんが、家庭裁判所の審判の際に考慮される可能性はあります。

記載例56　永代供養を受けられるように信託する場合の遺言書

信託銀行などに信託して、自分の死後、墓地の管理や法要の費用（永代供養料）を、信託財産の収益金から支払ってもらうという方法があります。そうしておけば、信託銀行から寺院などに対して供養料が確実に支払われますから安心です。信託期間は、一般的には33回忌までとされる場合が多いようです。もっとも、永代供養を望み、信託期間の自動延長契約をすることも可能です。

■ 財産の信託をするケース（記載例55）

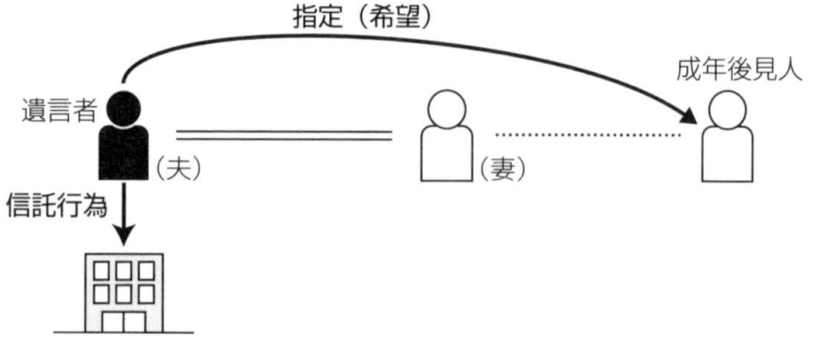

記載例55 財産の信託をする場合の遺言書

遺言書

遺言者○○○○は本遺言書により次のとおり遺言する。

1　遺言者の妻○○○○の成年後見人として次の者を指定する。

住所　東京都○○区○○町○丁目○番○号

○○○○（昭和○年○月○日生）

2　妻○○の財産管理と生活資金給付のために以下のことを信託する。

(1)　受託者 ○○信託銀行

(2)　受益者 ○○○○

(3)　信託期間 25年

(4)　収益金の支払方法 毎月月末に成年後見人の管理する受益者の口座に振り込む。

(5)　信託終了時の権利帰属者 受益者

(6)　信託財産 金１億円

3　上記２による信託を設定した残余の財産は、他の相続人に法定相続分に従って相続させる。

4　本遺言の遺言執行者として次の者を指定する。

住所　東京都○○区○○町○丁目○番○号

弁護士　○○○○

令和○○年○月○日

東京都○○区○○町○丁目○番○号

遺言者　○○○○　㊞

記載例56　永代供養を受けられるように信託する場合の遺言書

遺言書

遺言者○○○○は本遺言書により次のとおり遺言する。

1　遺言者の財産のうち、○○銀行○○支店遺言者名義の定期預金１億円を以って以下の信託をする。

⑴　信託の目的 遺言者及びその祖先の永代供養のため、供養料、墓地管理料、及び法要費用を支払う。

⑵　受託者 ○○信託銀行

⑶　受益者 宗教法人○○○

⑷　信託財産の給付方法 信託財産からの収益金により給付する。なお、不足が生じたときには、元本から必要金額をその都度支払うものとする。

⑸　信託期間 ○○年。ただし、終了時に受託者に異議のないときは、５年ずつ自動延長するものとする。

2　上記１による信託を設定した残余の財産は、それぞれの相続人に法定相続分に従って相続させる。

3　本遺言の遺言執行者として次の者を指定する。

住所　東京都○○区○○町○丁目○番○号

氏名　○○○○

令和○○年○月○日

東京都○○区○○町○丁目○番○号

遺言者　○○○○　㊞

17 事業や家業の承継についての遺言

記載例57　会社後継者を指名したい場合の遺言書

自分の子に会社の経営権を譲渡したい場合は、本記載例のように、遺言によって後継者を指名し、その者に株式または持分を相続させるとよいでしょう。ただ、社長の選任はあくまでも取締役会や社員総会などで行われるものです。株式会社の場合、社長（代表取締役）は取締役の中から選定されるので、株式を相続させたとしても、取締役に選任されるために必要な株主総会の議決権（株主の地位）を与えることができるだけです。

なお、長男に債務の一切を承継させるという内容の遺言をしても、債権者が承認しない限り、相続人全員が法定相続分に応じて債権者に弁済する義務があります。

記載例58　事業承継について指示する場合の遺言書

個人商店などの個人事業を営んでいて、その事業を子に承継させたい場合には、本記載例のように、遺言書で後継者を指定し、店舗など事業用の財産を譲り渡すとよいでしょう。個人事業の資産はすべて個人の財産ですから、相続の対象になります。相続人同士の争いにならないように、事業用の財産のうち、どの財産を、誰に与えるのかを詳しく遺言書に記載しておく必要があります。

記載例59　有能な従業員に遺贈したい場合の遺言書

子に会社の経営権を譲り渡したい場合は、遺言で後継者を指名し、会社の株式あるいは持分を相続させます。ただし、社長の選任は取締役会や社員総会などで行われるため、遺言だけで子が社長になれるわけではありません。

　また、有能な従業員（社員）を優遇して、会社のために一層尽力してほしいと考えることもあるでしょう。こうした場合は、本記載例のように、財産の一部を遺贈するのも１つの方法です。なお、あくまでも会社のためですから、従業員が会社を辞めれば遺贈の効力が消滅するという条件をつけておきましょう。

記載例60　農地の単独相続を指示する場合の遺言書

　各相続人の法定相続分によって農地が分割されると、農業経営が成り立たなくなる場合がありますから、本記載例のように相続人の中から後継者を決めて、その人に農地全部を承継させるとよいでしょう。その方法は、遺産分割方法の指定でも遺贈でもかまいません。農地を相続や遺贈により承継した相続人は、その農地が所在する市区町村の農業委員会に届出を行います（農地法３条の３）。

　なお、農地以外にめぼしい財産がない場合、他の相続人から遺留分侵害額請求を受ける可能性があります。生前から農業経営を続けるかどうかを含めて、家族同士が話し合っておくことも大切です。

■ 農地の単独相続を指示するケース（記載例60）

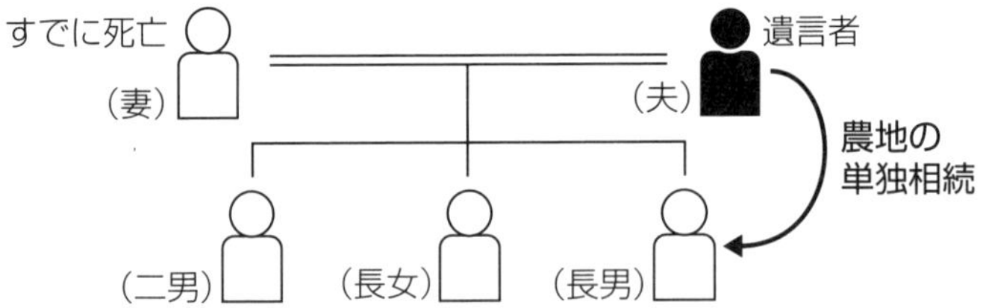

法定相続分		遺産分割方法の指定	
長男	$\frac{1}{3}$	長男	農地の全部、定期預金1000万円
長女	$\frac{1}{3}$	長女	省略
二男	$\frac{1}{3}$	二男	省略

記載例57　会社後継者を指名したい場合の遺言書

遺言書

遺言者○○○○は本遺言書により次のとおり遺言する。

1　遺言者は、自らの死後、遺言者が現在代表取締役を務める株式会社○○鉄工の次期後継者として、遺言者の長男○○○○を定める。同人はいわゆる二代目であるが、創業者である遺言者の片腕としてすでに10年以上経過しており、経営手腕、人望ともに遜色ないレベルに達していると判断したものである。ついては、各取締役は長男○○を助けて会社の発展のために尽力してほしい。

2　株式会社○○鉄工の発行済株式10万株のうち、遺言者が所有する６万株をすべて長男○○に相続させる。

3　株式会社○○鉄工の債務に対して遺言者が負っている連帯保証も含め、遺言者の債務一切は、長男○○が負担するものとする。

4　遺言者の二男○○○○には、○○銀行○○支店遺言者名義の定期預金のすべてを相続させる。子どもたち２人の相続財産に大差があるように見えるが、責任の重さとのバランスを考慮したものであり、二男○○には諒解してもらいたい。

令和○○年○月○日

東京都○○区○○町○丁目○番○号

遺言者　○○○○　㊞

記載例58　事業承継について指示する場合の遺言書

遺言書

遺言者○○○○は本遺言書により次のとおり遺言する。

1　遺言者に万が一のときは、家業の○○染物店を構成する後記記載の財産の一切を遺言者の二男○○○○に相続させる。同人は高校卒業後、染物職人として一からたたき上げ、20年が経過した現在、一人前の職人となった。ついては、同人は家業を守って、伝統の技術を後世に引き継いでいってもらいたい。

⑴　土地（表示略）

⑵　建物（表示略）

⑶　染物作業に必要な施設・設備一式

⑷　営業上の債権及び債務のすべて

⑸　「○○染物店」に係る商号権（登記済み）等の無体財産権

2　また、同じく二男○○に、当面の運転資金として○○銀行○○支店の遺言者名義の定期預金2000万円を相続させる。

3　その他の財産は、遺言者の妻○○○○及び長男○○○○に均等に相続させる。

4　二男○○は、妻○○及び長男○○の双方のそれぞれに対し、今後10年間、毎月10万円ずつを支払うものとする。

令和○○年○月○日

東京都○○区○○町○丁目○番○号

遺言者　○○○○　㊞

記載例59　有能な従業員に遺贈したい場合の遺言書

遺言書

遺言者○○○○は本遺言書により次のとおり遺言する。

1　遺言者は、自らの死後、遺言者が現在代表取締役を務める株式会社○○鉄工の次期後継者として、遺言者の長男○○○○を定める。

2　株式会社○○鉄工の従業員で、令和○○年○月○日現在は技術部長を務める○○○○に、次の財産を遺贈する。同人は○○鉄工がまだ小さな町工場だった時代から技術部門を担ってきた人材で、特許を取得した発明も十指に余る。中小企業の技術力がますます重要になる今日、過去の貢献に感謝するとともに、将来も長男○○の右腕として○○鉄工の発展に尽くしてほしい。ただし、受遺者○○○○が○○鉄工を定年前に退職した場合、前記遺贈はその効力を失うものとする。

(財産の表示略)

(3～5略)

6　本遺言の遺言執行者として次の者を指定する。

住所 東京都○○区○○町○丁目○番○号

弁護士 ○○○○

令和○○年○月○日

○○県○○郡○○町○番地

遺言者　○○○○　㊞

記載例60　農地の単独相続を指示する場合の遺言書

遺言書

遺言者〇〇〇〇は本遺言書により次のとおり遺言する。

1　家業の農業を引き続き行っていけるよう、農地の全部を遺言者の長男〇〇〇〇に相続させる。

2　同じく長男〇〇に、一切の農業用動産及び当面の運転資金として〇〇農協の遺言者名義の定期預金1000万円を相続させる。

3　その他の財産は、遺言者の長女〇〇〇〇、二男〇〇〇〇に均等に相続させる。

4　本遺言により、長女、二男の両名の相続分は遺留分を下回ることになるが、両名はそれぞれ公務員、建築家として地歩を固めており、また農業を継ぐ意思がないことを本人たちも表明している。農地を細分化することは効率的農業の実施上死活問題となるので、遺留分侵害額請求を行わないよう切に希望する。

令和〇〇年〇月〇日

〇〇県〇〇郡〇〇町〇番地

遺言者 〇〇〇〇　㊞

第4章

生前贈与のしくみと手続き

1 贈与にはどんな種類があるのか

贈与とは何か

贈与とは、簡単に言ってしまえばプレゼントの事です。贈与については、民法で「贈与は、当事者の一方が自己の財産を無償で相手方に与える意思を表示し、相手方が受諾をすることによって、その効力を生ずる」と規定されています。つまり、「自分の持っているモノをプレゼントするよ」といい、相手が、「ではいただきます」といえば贈与契約は成立するわけです。ただし、民法では、口約束のような書面によらない贈与は、履行がなされていない部分については、各当事者によって解除（撤回）することができるとされています。これは、軽はずみな贈与を防ぐためのものです。ですから、酒の席で成立した100万円の贈与契約も、酔いがさめてから「あれはなかったことにしてくれ」と言われれば、それで契約関係が解消されることになります。ただ、書面によらない贈与でも、所有権移転の登記や目的物の引渡しなど、履行がなされた部分については解除ができません。

一方、書面による贈与については、書面（契約書）にした以上は贈与者の意思も明確なわけですから、一方的に解除を認めるのは、相手方の期待を裏切ることになるため、書面によらない贈与のような未履行部分の解除制度は認められていません。契約書を作成することは、それぞれの当事者の意思を明確にし、後日起こりがちな「言った」「言わない」のトラブルを防止する効果があります。

一般的に、他人同士の贈与よりも、親族間での贈与が多い傾向があります。たとえば、婚姻期間が20年を過ぎた夫婦が、夫婦間で居住用不動産（または居住用不動産を取得するための金銭）を贈与した場合、2000万円まで贈与税が非課税とされることから、この制度を利用して夫が妻に居住用不動産を贈与する例がときに見られます。また、個人事業主が自分の会社に対して所有する不動産を贈与する場合も見受けられます。

特殊な贈与の形態がある

民法は、特殊な形態の贈与についても規定しています。

まず、「大学卒業までの学費を毎月仕送りする」というように、定期の給付を目的とする贈与のことを定期贈与といいます。定期贈与は、当事者のどちらかが死亡すると効力を失います。

次に、「家を贈与する代わりに、庭の手入れをしてもらう」というように、受贈者（もらう側）に対価性のない一定の負担をさせる贈与のことを負担付贈与（553条）といいます。贈与は双務契約（契約当事者がお互いに対価的意義をもつ債務を負担する契約）ではありませんが、負担付贈与については、負担の限度において実質的な対価関係に立っていると考えられます。そのため、負担付贈与には、その性質に反しない限り、双務契約の規定が準用されます。

負担付贈与

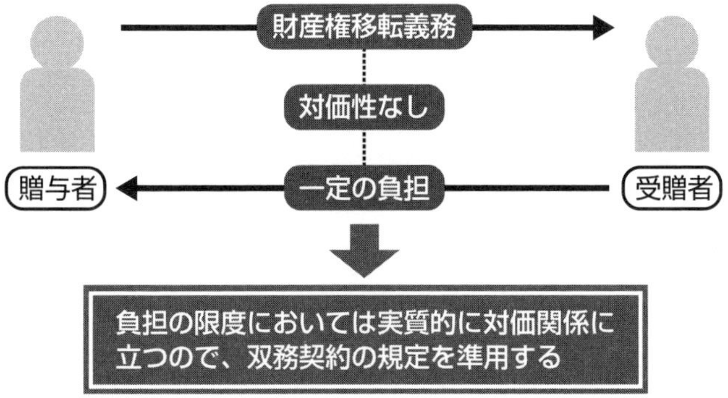

遺贈と死因贈与

贈与と区別すべき用語として遺贈があります。遺贈とは、遺言による財産の贈与のことで、財産を与える相手方の同意を得ないで行うことができます。これに対して、「私が死んだら300万円を贈与する」というように、贈与する人の死亡という条件がついた贈与のことを死因贈与といいます。死因贈与も贈与の一類型で、贈与者の死亡によって有効になる契約ですから、相手方との合意が必要です。

不動産を死因贈与や遺贈によって取得した場合、相手方は、死因贈与や遺贈についての登記をしなければ、第三者に自分の権利を主張することができません。この点では死因贈与と遺贈が共通しています。

生前贈与と連年贈与に関する税金

自分の生きているうち（生前）に、配偶者や子どもなどに財産を贈与することを生前贈与といいます。とくに、死因贈与と比較するときに使用される用語です。

相続を考えるような事態に至ったときに、生前贈与は、相続税対策として利用されることがあります。贈与税には、年間１人あたり110万円の基礎控除があり、年間１人あたり110万円までは贈与税がかかりません。そのため、たとえば110万円ずつ10年間にわたって贈与すれば、無税で１人あたり1,100万円までの贈与が可能になります。

なお、毎年贈与を繰り返すことを連年贈与といいます。年間110万円までは非課税となりますが、毎年同じ日に同じ額の贈与を繰り返している等の場合（たとえば110万円を10年間にわたって贈与しているなど）には、有期定期金に関する権利（10年間にわたり毎年110万円ずつの給付を受ける権利）の贈与を受けたものとみなされ、贈与税が課税される可能性があるので注意が必要です。

2 相続分と遺贈について知っておこう

相続分には法定相続分と指定相続分がある

相続分とは、相続人が複数いる場合に、各相続人（共同相続人といいます）が相続財産を承継する割合のことです。相続分には法定相続分と指定相続分があります。法定相続分とは、民法の定めに従って決定される相続分のことです。たとえば配偶者は２分の１、子どもが２人いる場合はそれぞれ４分の１が法定相続分として取得することができる割合とされています。また、遺言によって、法定相続分とは異なる割合の相続分を指定することができ、これを指定相続分といいます。

相続分は、まずは遺言によって相続分の指定がある場合には、その指定相続分によって決定され、指定がない場合には、法定相続分に従って決定されることになります。たとえば、被相続人が遺言で「妻の相続分は４分の３、子の相続分は４分の１とする。」などと指定していた場合は、被相続人の妻と子は、この指定どおりの相続分で被相続人の遺産を相続することになります。

法定相続分と異なる遺産承継と第三者との関係

前述のように、遺言による相続分の指定は法定相続分に優先することから、遺言者は自らが望む者に対して財産を承継させることができます。仮に遺留分権利者の遺留分を侵害している場合であっても、遺言書は有効なので、遺言書の内容に従って遺産の承継が行われます。なお、この場合、遺留分権利者との関係は遺留分侵害額請求による解決が図られることになります。

そして、平成30年（2018年）の相続法改正によって、共同相続において法定相続分を超えて権利を承継した場合に、第三者との関係は以下のように規律されることとなっています。

①　権利（財産）を承継した場合

相続によって権利（財産）を承継した場合には、それが遺産分割によるものかどうかを問わず、法定相続分を超える部分の相続財産の取得については、登記や登録、引渡しなどの対抗要件を備えない限り、第三者に対抗することができません。

たとえば、「甲不動産を相続人Ａに相続させる」との遺言書があるのにもかかわらず、他の共同相続人ＢがＡに無断で第三者Ｃに甲不動産を売却した場合においては、ＡはＣよりも先に甲不動産の登記を備えなければ、Ｃに対して甲不動産を自分が単独で相続した旨を対抗することができなくなります。ただし、法定相続分である持分２分の１については、登記がなくても主張することができますので、ＡがＣに単独所有を対抗することができない場合、甲不動産はＡとＣの共有（持分は各２分の１）となります。

②　債権を承継した場合

法定相続分を超える債権を承継した場合も、対抗要件を備える必要がありますが、債権の場合は「債務者に対する対抗要件」と「第三者に対する対抗要件」の２つが存在します。

相続によって債権を法定相続分を超えて承継した共同相続人が、遺言や遺産分割の内容を明らかにして債務者に債権を承継したことを通知したときは、共同相続人全員が債務者に対して通知をしたものとみなされ、債務者に対する対抗要件を備えたものとみなされます。

つまり、Ｂが遺言の内容を明らかにしてＡに通知すれば、Ｂ・Ｃが譲渡通知をしたものとみなされるので、Ｂ単独によるＡへの通知をもって、Ａに対して債権の承継を主張できることになるのです。

また、Ｂが上記のＡへの通知に確定日付（公証役場で請求すると、公証人が対象の文書に押印を行うことで付与される、後から変更することができない日付）のある証書によって行うことで、第三者に対する対抗要件も備えたことになります。

③　義務を承継した場合

被相続人が負っていた借金などの債務（相続債務）について、遺言書で承継の割合が指定されていた場合はどうでしょうか。

相続債権者（相続債務の債権者）の承諾がない限り、相続分の指定がなされた場合であっても、相続債権者は、法定相続分に応じてその権利を行使することができます。

たとえば「Ｃからの借入金200万円については、相続人Ａが150万円、相続人Ｂが50万円を返済するものとする」との遺言書が残されていても、相続債権者Ｃの承諾がない限り、相続人Ａ・Ｂは、それぞれ法定相続分である100万円の返済義務を承継します。その結果、相続債権者Ｃは、Ａ・Ｂに対して、それぞれ100万円の返済を請求できます。

なお、相続人間では遺言書に記載された承継割合が有効とされることから、承継割合を超えて相続人が相続債権者に弁済した場合は、他

■ 義務の承継

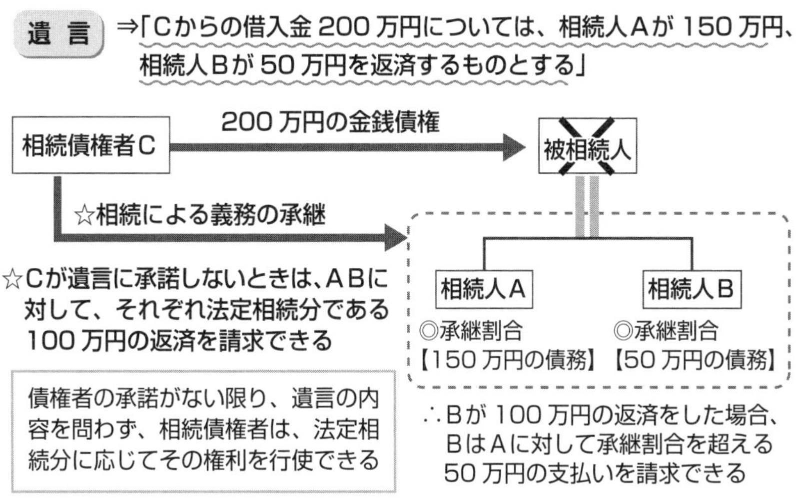

の相続人に対し、承継割合を超える部分の支払い（償還）を請求することができます。前述の例では、ＢがＣに100万円を返済した場合、ＢはＡに対し、自らの承継割合（50万円）を超える50万円の支払いを請求することができます。

■遺贈について

遺贈とは、遺言による財産の贈与のことです。遺贈を含めた遺言の制度は、被相続人の生前における最終意思を法的に保護し、その人の死後にその実現を図るために設けられているものです。自分の死後のことについて、生前に財産分けを口にするとかえってトラブルになることもありますし、生前には伝えたくないこともあります。そこで、民法は遺言の制度を設けています。

遺言は、民法で定められた普通方式または特別方式を備えた遺言書（16ページ）を作成した場合に限り、法的効力が与えられます。遺言に記載する事項は、一般には財産処分に関することがほとんどです。財産を与える人（遺言をした人）を遺贈者といい、財産をもらう人を受遺者といいます。遺贈は遺贈者が受遺者に対し財産を与えるものですが、人の死亡を原因として財産を取得するという点では相続と同じですから、受遺者には贈与税でなく相続税が課税されます。

受遺者については、遺贈者が自由に決めることができます。配偶者や子などの相続人はもちろん、内縁の配偶者、相続権のない親族（孫や兄弟姉妹など）、血縁関係のない第三者でもかまいません。会社やNPOなどの法人に遺贈することもできます。

ただし、遺贈に際しては遺留分に注意しなければなりません。遺贈が遺留分を侵害する場合、遺贈は無効とはなりませんが、後日、受遺者に対し遺留分侵害額請求権が行使されるおそれがあります。

遺産分割方法の指定がある場合とない場合

遺言で全遺産について遺産分割方法の指定があれば、相続開始と同時に、遺言に基づいて当然に遺産が分割され、遺産分割協議の余地はありません。ただし、相続人や受遺者の全員が同意すれば、遺産分割方法の指定がなかったものとして、改めて全員で遺産分割をすることができます（遺言執行者がいる場合は、その同意が必要です）。

一方、遺言で全遺産について遺産分割方法の指定がない場合は、遺贈の態様によって遺産分割が必要になることがあります。

①　特定遺贈の場合

特定遺贈とは「不動産はＡに、株式はＢに」というように、遺言者の有する特定の財産を具体的に特定して無償で与える遺贈です。特定遺贈の対象となった財産は、遺産分割の対象から外れますから、対象とされていない財産について、遺産分割協議をすることになります。その際、特定遺贈がなされた分（遺贈額）については、特別受益（58ページ）として扱われることに注意を要します。なお、遺言により全遺産を遺贈していれば、遺産分割の余地はありません。

②　包括遺贈の場合

包括遺贈とは、遺言者が財産の全部または一部を一定の割合を示して遺贈する方法で、全部包括遺贈と割合的包括遺贈があります。

全部包括遺贈の場合は、遺産分割を経ることなく、相続開始と同時

遺贈の概要

内容	遺言による財産の一方的な贈与
受遺者	遺贈者が自由に決定可（受遺者との合意は不要）
受遺者の死亡	受遺者が被相続人よりも先に死亡 → 遺贈は無効
遺贈の放棄	特定遺贈の場合、被相続人の死亡後ならいつ放棄しても可。包括遺贈の場合、受遺者となったことを知った時から３か月以内であれば放棄可

に、すべての資産と負債が当然に受遺者に移転します。

割合的包括遺贈とは、たとえば「Aに全財産の３分の１を、Bに全財産の４分の１を遺贈する」「というものです。この場合は、その割合を基準とした遺産分割が必要になるのが原則です。

遺贈の放棄

受遺者は遺贈を放棄できます。遺贈の放棄の方法は、特定遺贈と包括遺贈で異なることに注意を要します。

特定遺贈の放棄は、いつでも行うことができ、相続人や遺言執行者に対して放棄の意思表示を行います。特定遺贈を放棄すると、遺言者の死亡の時点に遡って、特定遺贈がなかったことになります。

包括遺贈の放棄は、相続放棄（51ページ）と同様に扱われます。そのため、包括遺贈の受遺者となったことを知ったときから３か月以内に、家庭裁判所に申述して放棄を行う必要があり、遺産を処分したり隠匿した場合は、包括遺贈の放棄ができなくなります。

相続・遺言・死因贈与・生前贈与の違い

	内 容	相続人・受遺者・受贈者となる者者	課せられる税
相続	被相続人の死亡による財産の移転	一定の身分関係の者	相続税
遺贈	遺言による無償での財産の譲渡	遺言者が指定した者	相続税
死因贈与	死亡した場合における無償での財産の譲渡	贈与者が指定した者	相続税
生前贈与	生前における無償での財産の譲渡	贈与者が指定した者	贈与税

3 生前贈与の登記手続きについて知っておこう

贈与の登記申請に関する注意点

不動産の贈与を受けた場合、当該不動産について登記を申請する際には、贈与契約書など、贈与の事実を証明する書面（登記原因証明情報）を添付します。この書面には、①贈与をした者（贈与者）と贈与を受けた者（受贈者）の氏名・住所、②贈与の事実、③その日付、④贈与の対象となる不動産の表示（登記済証または登記識別情報に記載されている不動産の表示）の記載が必要になります。

贈与者の氏名・住所は当該不動産の登記簿上に記載されている所有者の住所・氏名と一致している必要があり、かつ印鑑証明書および委任状の記載と一致していることが必要です。一方、受贈者の氏名・住所は住民票の写しの記載と一致している必要があります。

贈与の事実の記載については、たとえば「第１条 別紙目録記載の不動産につき、令和○年○月○日贈与者○○は受贈者△△に対し贈与することを約し、△△はこれを受諾した。第２条 ○○は、令和○年○月△日までに、当該不動産の引渡しおよび所有権移転登記を申請するものとする」などと記載し、「いつ・誰から誰に・何を」贈与するのかを明確にする必要があります。

登記の目的や登記原因の記載の仕方

登記の目的は「所有権移転」であり、登記原因は「令和○年○月○日贈与」と記載します。日付は所有権移転日です。

登記権利者は受贈者であり、登記義務者は贈与者です。死因贈与の場合の義務者は、贈与契約書に遺言執行者の定めがある場合にはその遺言執行者が、遺言執行者の定めがない場合には贈与者の相続人全員がなります。登録免許税は、原則として、課税価格（固定資産評価証明書に記載された価格、1000円未満切捨て）の1000分の20です。

不動産贈与の場合の登記申請

登記を申請する前に贈与される不動産について登記記録にどのように記録されているかを確認しておきます。登記記録を調べる前提として、土地であれば所在と地番を、建物であれば所在と家屋番号を確認しましょう。地番や家屋番号については登記識別情報や登記済証、固定資産評価証明書、固定資産税の納付書を参照すればわかります。

次に、不動産を管轄する法務局に行って登記事項証明書の交付申請をします。登記事項証明書を見て、土地であれば所在・地番・地目・地積（面積）が登記識別情報の内容と一致しているか、建物であれば所在・家屋番号・種類・構造・床面積について確認してみてください。

引越しなどによって所有権の登記名義人の住所が変わっているときは、登記名義人住所変更登記を申請する必要があります。登記記録上の登記義務者の住所と印鑑証明書などの添付書類に記載されている住所とが一致していなければならないからです。

贈与による所有権移転登記の添付書類は次のとおりです。

・登記原因証明情報

贈与契約書または報告形式の登記原因証明情報です。

・登記識別情報または登記済証・印鑑証明書

贈与者の登記識別情報または登記済証と印鑑証明書を添付します。印鑑証明書は発行後３か月以内のものでなければなりません。

・住所証明情報

受贈者の住民票の写しを添付するのが一般的です。戸籍の附票や印鑑証明書を住所証明書とすることもできます。

・固定資産評価証明書

課税価格の計算の基準を証明するために添付します。

書式　贈与による所有権移転登記申請書

登　記　申　請　書

登記の目的　　所有権移転
原　　　因　　令和６年４月８日贈与
権　利　者　　東京都葛飾区××一丁目２番３号
　　　　　　　　松本　翔平　㊞
　　　　　　　連絡先の電話番号　００－００００－００００
義　務　者　　東京都足立区××一丁目２番３号
　　　　　　　　松本　茂　実印
　　　　　　　連絡先の電話番号　００－００００－００００
添付書類
　登記識別情報又は登記済証　登記原因証明情報
　印鑑証明書　住所証明情報
登記識別情報（登記済証）を提供することができない理由
　□不通知　□失効　□失念　□管理支障　□取引円滑障害
　□その他（　　　）　□登記識別情報の通知を希望しません。

令和６年４月８日申請　東京法務局城北出張所
課税価格　金２０００万円
登録免許税　金４０万円
不動産の表示
　所　　在　　東京都足立区××一丁目
　地　　番　　２番３
　地　　目　　宅地
　地　　積　　１７８．１５㎡

書式　贈与契約書

贈与契約書

贈与者　松本茂（以下「甲」という）と、受贈者松本翔平（以下「乙」という）は、下記のとおり、贈与契約を締結した。

第１条　甲は、乙に対して、甲の所有する下記記載の不動産（以下「本件不動産」という）を贈与することを約し、乙はこれを承諾した。

土地

所在　東京都足立区××一丁目

地番　２番３

地目　宅地

地積　178.15㎡

第２条　甲は乙に対し、令和６年４月８日に限り、本件不動産を引渡し、所有権移転登記手続きを行うものとする。なお、所有権移転登記手続きに必要な一切の費用は乙の負担とする。

第３条　本件不動産の公租公課については、所有権移転登記の前日までは甲が負担し、所有権移転登記の当日以降は乙が負担する。

以上のとおり、契約が成立したことを証するために、本書２通を作成し、甲乙記名押印の上、各１通を保有するものとする。

令和６年４月８日

贈与者（甲）　住所　東京都足立区××一丁目２番３号

松本　茂　㊞

受贈者（乙）　住所　東京都葛飾区××一丁目２番３号

松本　翔平　㊞

4 死因贈与の登記手続きについて知っておこう

死因贈与の登記申請に関する注意点

死因贈与の場合、登記申請時には贈与者はすでに死亡していることから、後のトラブルを防止するため、登記原因証明情報となる死因贈与契約書には、遺言執行者を定め、公正証書で作成しておくことが望ましいといえます。申請書に添付する印鑑証明書は、遺言執行者の定めがある場合は遺言執行者のものを、定めがない場合は贈与者の相続人全員のものが必要になります。また、相続人が登記義務者となる場合は、戸籍謄本など、相続があったことを証する書面を添付する必要があります。

なお、遺言執行者の定めがある場合、その者の権限を証する書面として、死因贈与契約書が公正証書で作成されている場合は公正証書、私署文書（署名や署名押印、記名押印のある契約書などの文書のこと）で作成されている場合は、当該文書に押印した贈与者の印鑑証明書または贈与者の相続人全員の承諾書と印鑑証明書の添付が必要になります。

登記の目的や登記原因の記載の仕方

登記の目的は「所有権移転」であり、登記原因は「令和○年○月○日贈与」と記載します。日付は死因贈与の効力が生じた日（原則として死亡日）になります。登記権利者は受贈者であり、登記義務者は贈与者です。死因贈与の場合、贈与契約書に遺言執行者の定めがある場合にはその遺言執行者が、遺言執行者の定めがない場合には贈与者の相続人全員が、ぞれぞれ登記義務者となります。

登録免許税は、原則として課税価格（固定資産評価証明書に記載された価格、1000円未満切捨て）の1000分の20です。

書式　死因贈与による所有権移転登記申請書

登　記　申　請　書

登記の目的　　　　所有権移転
原　　　因　　　　令和６年６月10日贈与
権　利　者　　　　○○市○○町○丁目○番地○
　　　　　　　　　（住民票コード○○○○○○○○○○○）
　　　　　　　　　佐　藤　一　郎
義　務　者　　　　○○市○○町○丁目○番地○
亡山田良子相続人　東京都○○市○○町○丁目○番地
　　　　　　　　　山　田　花　子
添付情報
　登記識別情報又は登記済証　登記原因証明情報
　代理権限証明情報　印鑑証明書　住所証明情報　相続証明情報
登記識別情報（登記済証）を提供することができない理由
　□不通知　□失効　□失念　□管理支障　□取引円滑障害
　□その他（　　　）　□登記識別情報の通知を希望しません。

令和○○年○月○日申請　○○法務局○○支局（出張所）
　　　　　　代理人　○○市○○町○番地
　　　　　　　　　　司法書士　吉田太郎　㊞
　　　　　　　　　　連絡先の電話番号03－○○○○－○○○○
課税価格　　　金○○○○円
登録免許税　　金○○○○円

不動産の表示
所　　在　　東京都○○市○○町一丁目
地　　番　　○○番○
地　　目　　宅地
地　　積　　○○.○○㎡

書式　死因贈与契約書

死因贈与契約書

贈与者山田良子（以下「甲」という）と、受贈者佐藤一郎（以下、「乙」という）とは、死因贈与（以下「本贈与」という）に関し、以下のとおり、契約する。

第１条（目的） 甲は、甲の所有する以下記載の物件（以下「本物件」という）を乙に贈与することを約し、乙はこれを受諾した。

土地

所　　在　東京都○○市○○町一丁目

地　　番　○○番○

地　　目　宅地

地　　積　○○.○○㎡

第２条（契約の効力） 本贈与は、甲の死亡により効力を生じ、本物件の所有権は甲から乙に移転するものとする。

第３条（乙の死亡） 万が一、甲が死亡するより先に乙が死亡したときには、本贈与は、その効力を生じないものとする。

以上のとおり、契約が成立したことを証するために、本書２通を作成し、甲乙記名押印の上、各自１通を保有する。

令和６年１月15日

○○市○○町○丁目○番地○

（甲）　　山田　良子　　㊞

○○市○○町○丁目○番地○

（乙）　　佐藤　一郎　　㊞

5 遺贈の登記手続きについて知っておこう

遺贈に関する登記申請書類の作成の際の注意点

不動産の遺贈が行われた場合、受遺者を権利者とし、遺贈者である登記名義人を義務者として登記申請をすることになります。ただし、遺贈者はすでに死亡していることから、遺言執行者がいる場合には、その遺言執行者が、遺言執行者がいない場合には、遺贈者の相続人の全員が、それぞれ義務者として登記手続きを行う必要があります。

登記申請書の義務者の欄には、遺言執行者がいる場合は「亡○○○○」というように、亡くなった遺贈者の氏名と住所を記載し、遺言執行者がいない場合は「亡○○○○相続人 △△△△」というように、相続人の氏名と住所を記載します。遺言執行者が司法書士等の代理人に登記申請を依頼する場合には、遺言執行者を委任者とする委任状を作成し、実印を押印した上で遺言執行者の印鑑証明書を添付します。代理人が登記申請をする場合、登記申請書には遺言執行者の氏名は記載する必要はありません。

登記原因証明情報としては、遺言書（公正証書遺言を除き検認を要するのが原則）と遺贈者の死亡を証する情報（死亡の記載のある戸籍謄本など）を提供しなければなりません。なお、相続とは異なり遺贈者の戸籍謄本は出生まで遡る必要はありません。

遺言により遺言執行者が指定されている場合は遺言書と遺言者の死亡の記載のある戸籍謄本が、家庭裁判所が遺言執行者を指定した場合は遺言書と家庭裁判所の選任審判書が、代理権限証明情報になります。遺言執行者がない場合は、相続証明情報として、相続人であることを証する戸籍謄本を提出します。

登録免許税は、課税価格（固定資産評価証明書に記載された価格。

1000円未満切捨て）の1000分の20です（100円未満切捨て）。

なお、相続人が受遺者となる場合は、相続と同じく課税価格の1000分の４に減額されますが、この場合は受遺者が相続人であることを証する戸籍謄本などの書面を提出する必要があります。

その他の注意点

遺贈者である所有権の登記名義人の登記簿上の住所と死亡時の住所とが異なるときは、遺贈の登記に先立ち、所有権の登記名義人の住所の変更登記を申請しなければなりません。住所変更登記は、遺言執行者、または相続人（うち１人でも可）が行うことになりますが、受遺者が遺言者に代位して単独で登記申請を行うこともできます。

遺贈における登記義務者と添付すべき代理権限証明情報 ………

	登記義務者	代理権限証明情報
遺言書で遺言執行者が指定されている場合	遺贈者	・遺言書（秘密証書遺言・法務局で保管されていない自筆証書遺言の場合は家庭裁判所の検認調書または検認済証明書の添付が必要） ・遺贈者の死亡の記載のある戸籍謄本
家庭裁判所で遺言執行者が指定されている場合	遺贈者	・遺言書（秘密証書遺言・法務局で保管されていない自筆証書遺言の場合は家庭裁判所の検認調書または検認済証明書の添付が必要） ・家庭裁判所の選任審判書
遺言執行者の指定がない場合	遺贈者の相続人	・遺言書と死亡の記載のある戸籍謄本は登記原因証明情報となる ・相続証明情報として相続人であることを証する戸籍謄本など

書式　遺贈による所有権移転登記申請書（遺言執行者の選任あり）

登　記　申　請　書

登記の目的　　所有権移転
原　　　因　　令和６年５月15日遺贈
権　利　者　　○○市○○町○丁目○番地
　　　　　　　鈴木　花子　㊞
　　　　　　　連絡先の電話番号　００－００００－００００
義　務　者　　○○市○○町○丁目○番地
　　　　　　　亡　甲野　次郎
　　　　　　　○○市○○町○丁目○番地
遺言執行者　　甲野　花子　実印
　　　　　　　連絡先の電話番号　００－００００－００００
添付書類
　　登記識別情報（又は登記済証）　登記原因証明情報
　　印鑑証明書　住所証明情報　代理権限証明情報
登記識別情報（登記済証）を提供することができない理由
　　□不通知　□失効　□失念　□管理支障　□取引円滑障害
　　□その他（　　　）　□登記識別情報の通知を希望しません。

令和６年６月10日申請　○○ 法 務 局　○○支局

課税価格　　金1000万円
登録免許税　金20万円
不動産の表示
　所　　在　○○市○○町○丁目
　地　　番　○○番○
　地　　目　宅地
　地　　積　○○.○○㎡

書式　遺言書（遺言執行者を選任する場合）

遺　言　書

遺言者甲野次郎は、次のとおり遺言する。

第1条　遺言者は遺言者が所有する次の不動産を、内縁の妻鈴木花子（昭和○年○月○日生、○○市○○町○丁目○番地在住）に遺贈する。

土地
所　　在　○○市○○町○丁目
地　　番　○○番○
地　　目　宅地
地　　積　○○.○○㎡

第2条　遺言者は前条記載の財産を除く、遺言者の有するその他一切の財産は、長女甲野花子（昭和○○年○月○日生）に相続させる。

第3条　遺言者は、本遺言の実現のため遺言執行者として次の者を指定する。

○○市○○町○番地
司法書士　吉田太郎
（昭和○年○月○日生）

令和6年1月15日

○○市○○町○丁目○番地
甲　野　次　郎　　㊞

書式　遺贈による所有権移転登記申請書（遺言執行者の選任なし）

登　記　申　請　書

登記の目的　　所有権移転
原　　因　　令和６年５月15日遺贈
権 利 者　　○○市○○町○丁目○番地
鈴木　一郎　㊞
連絡先の電話番号　００－００００－００００
義 務 者　　○○市○○町○丁目○番地
亡甲野次郎相続人　甲野　花子　実印
連絡先の電話番号　００－００００－００００
○○市○○町○丁目○番地
亡甲野次郎相続人　甲野　太郎　実印
連絡先の電話番号　００－００００－００００

添付書類
　登記識別情報（又は登記済証）　登記原因証明情報
　印鑑証明書　住所証明情報　相続証明情報
登記識別情報（登記済証）を提供することができない理由
　□不通知　□失効　□失念　□管理支障　□取引円滑障害
　□その他（　　　）　□登記識別情報の通知を希望しません。

令和６年６月10日申請　○○ 法 務 局　○○支局

課税価格　　金1000万円
登録免許税　金20万円
不動産の表示
　所　　在　○○市○○町○丁目
　地　　番　○○番○
　地　　目　宅地
　地　　積　○○.○○㎡

書式　遺言書（遺言執行者を選任しない場合）

遺　言　書

遺言者甲野次郎は、次のとおり遺言する。

第1条　遺言者は遺言者が所有する次の不動産を、お世話になった友人鈴木一郎（昭和○年○月○日生、○○市○○町○丁目○番地在住）に遺贈する。

【土地】

所　　在　○○市○○町○丁目

地　　番　○○番○

地　　目　宅地

地　　積　○○.○○㎡

第2条　遺言者は、遺言者が所有する次の不動産を、長男甲野太郎（昭和○○年○月○日生）に相続させる。

【土地】

所　　在　○○市▲▲町○丁目

地　　番　○○番○

地　　目　宅地

地　　積　○○.○○㎡

第3条　遺言者は前二条記載の財産を除く、遺言者の有するその他一切の財産は、長女甲野花子（昭和○○年○月○日生）に相続させる。

令和6年1月15日

○○市○○町○丁目○番地

甲　野　次　郎　　㊞

Column

相続登記申請時の提出書類

不動産の所有者が死亡した場合、その不動産の持ち主が不在となるため、相続登記という相続人に対する名義変更の手続きが必要です。相続登記を申請するには、①登記申請書、②登記原因証明情報、③住所証明書、④代理権限証書、⑤固定資産評価証明書、が必要になります。登記申請時には登録免許税を納めなければなりません。

上記の中でも、遺言との関係では、登記原因証明情報がとくに重要です。相続を登記原因とする所有権移転登記を申請するには、登記原因証明情報として、被相続人の出生から死亡までの連続した戸籍（除籍、改製原戸籍）謄本と、相続人の戸籍謄本の他、遺産分割協議書や遺言書などが必要です。

遺産分割協議書には、原則として相続人全員の印鑑証明書を添付します。自筆証書遺言を添付する場合は、家庭裁判所が発行する検認済証明書も併せて提出することが必要です。被相続人から特別受益にあたる贈与や遺贈を受けた相続人（特別受益者）がいる場合、特別受益者が相続分のないことの証明書（相続分皆無証明書）を登記原因証明情報の一部として提供します。また、相続人の中に相続を放棄した者がいる場合、相続人の全員が誰であるかを証明する書類の一部として、家庭裁判所から交付された「相続放棄申述受理証明書」を提供します。

なお、戸籍謄本や除籍謄本などの原本還付を請求する場合、相続関係説明図を作成して、これを登記申請書に添付すれば、コピーを添付する必要はなく、登記完了後に原本が返却されます。

相続関係説明図には、被相続人の最後の本籍、最後の住所、登記簿上の住所の他、被相続人と相続人の関係、被相続人の死亡年月日、相続人それぞれの関係性（妻、長男など）、相続の内容（法定相続か遺産分割かなど）などを盛り込みます。

第5章

相続税・贈与税のしくみ

1 相続税について知っておこう

相続税はなぜ課税されるのか

相続税は、死亡した人の財産（相続財産）を相続・遺贈によって受け継いだ人に対して課される税金で、所得税や法人税と同じ国税です。申告納税方式をとっていますので、遺産を相続した相続人が自分で相続財産の価格と、これにかかる税額を計算し、納税することになっています。相続税法では、民法上の法定相続人の考え方を用いて相続税の計算を行います。ただし、ⓐ相続を放棄した人がいたとしても、その放棄がなかったものとして法定相続人の数に含まれる、ⓑ養子がいる場合、法定相続人としての養子の人数は、実子がいる場合は１人、実子がいない場合は２人までに制限する、という点が相続税法の特徴です。

相続税と基礎控除額

遺産総額が一定額（基礎控除額）より少なければ、相続税を納める必要はありませんが、基礎控除額を超える場合には申告して納税しなければなりません。基礎控除額とは、すべての相続人に認められている相続税が課されない金額のことです。

相続税の基礎控除額は、「3,000万円＋法定相続人の数×600万円」です。たとえば、夫・妻・子どもの３人家族で、夫が死亡した場合、妻と子どもの２人が相続人になります。よって、「3,000万円＋２人×600万円」という計算により、4,200万円が基礎控除額となります。

どのように計算するのか

相続税の計算は、大きく分けて、①課税価格の計算、②相続税の総額の計算、③納付税額の計算の３段階となっています。

①　課税価格の計算

課税価格は「財産－（債務＋葬式費用）」で求めます。財産（プラスの財産）には、ⓐ相続・遺贈・死因贈与によって取得した財産、ⓑ相続税法の規定で「みなし財産」とされる財産（死亡保険金や死亡退職金など）、ⓒ相続開始前７年以内（令和５年12月以前の贈与の場合は３年以内。251ページ参照）に法定相続人に贈与した財産が含まれます。ただし、死亡保険金や死亡退職金は「法定相続人の数×500万円」の非課税枠を差し引いて求めます。

②　相続税の総額の計算

まず、「課税価格－基礎控除額」で課税される遺産の総額（課税遺産総額）を求めます。課税遺産総額がゼロの場合は相続税が課されません。

次に、課税遺産総額がプラスの場合には「課税遺産総額×法定相続分」で各法定相続人の遺産相続金額を求めます。このとき、法定相続分のとおりに分配したものとして計算します。そして、「遺産相続金額×相続税率－控除額」で各法定相続人の仮の相続税額を求めて、それらを合計して相続税の総額を算定します。なお、相続税率と控除額は課税価格に応じて決まっており、「相続税の税額表（速算表）」（232ページ）でわかるようになっています。

③　納付税額の計算

相続税の総額に、課税遺産総額のうち各相続人が受け取った遺産価格の割合を乗じて、各相続人の相続税額を計算し、さらにそこから、税額加算や税額控除を行います。以上による算出額が各法定相続人の最終的な納付税額となります。なお、被相続人の配偶者と一親等の血族（代襲相続人の孫を含む）以外の相続人は、仮の相続税額から２割加算した後に税額控除をして相続税額を算出します。

2 贈与税のしくみについて知っておこう

贈与税はなぜ課税されるのか

贈与税は相続税の補完税と言われています。「相続税が課税されるくらいなら相続する前に将来の相続人に財産を分けておこう」とは、誰もが考えることです。しかし、これでは、相続税が簡単に回避されてしまうことになります。そこで、贈与が発生したときに課税する贈与税の規定を同じ相続税法の中に設けて相続税を補完する税としたわけです。このため、贈与税の税率は相続税の税率より高くなっています。

このように贈与税は、相続税逃れを防止し、不公平を是正して相続税本来の目的である富の再分配を行うことを目的とした税金です。

親から子への贈与として、子ども名義の預金通帳を作って贈与しようとする場合があります。しかし、後になって税務署から「子どもの名義を借りて貯金しているだけである」として、贈与であることを否認されるケースも考えられます。では、具体的にどのようにすれば、そうしたトラブルを避けることができるのでしょうか。

贈与とは、自己の財産を無償で相手方に与える意思表示を行い、相手方がこれを受諾することによって成立する契約をいいます。契約自体は口頭でも成立しますが、税務上のトラブルを避けるには、親子間であっても贈与するたびに契約書を作成しておくことが大切です。贈与した以上は、その財産は子どものものになるわけですから、通帳や印鑑、キャッシュカードは子ども自身が管理するようにします。

対象となる財産の範囲

贈与税の対象は、贈与を受ける人（受贈者）の住所が日本か、海外かによって変わります。受贈者の住所が日本である場合、受け取る財産が世界のどこにあっても、その財産は贈与税の対象になります。

一方、受贈者の住所が海外の場合、日本国内にある財産に対してだけ贈与税がかかるというのが基本です。ただ、受贈者の住所が海外であっても、外国にある財産にも贈与税がかかることがあります。それは、受贈者または、贈与者の住所が贈与をする前の10年以内に日本にあった場合などです。

本来の贈与財産とは

本来の贈与財産とは、民法上の贈与の対象となり、贈与税が当然に課せられる財産です。みなし贈与財産に相対する言葉でもあります。経済的価値のあるもの、つまり、価値がお金に換算できるものすべてが本来の贈与財産になります。物理的な財産だけでなく、債権、無体財産権（著作権、特許権などの知的所有権）、営業権などが含まれる他、以下の場合にも本来の贈与財産となります。

贈与税のしくみと相続税との関係

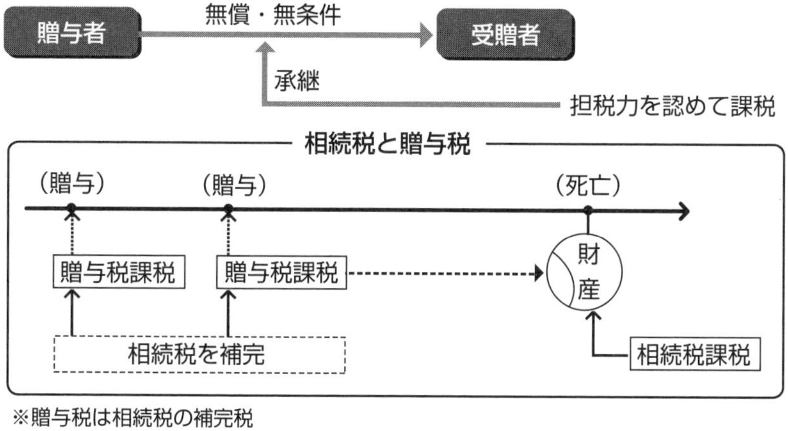

※贈与税は相続税の補完税

① 対価の授受はないが、不動産や株式に関して名義変更をした場合
② お金を出した人以外の人の名義で不動産や株式などを取得した場合
③ 相続放棄を除いて共有財産の共有者が持分を放棄した場合
④ 受贈者が経済的な負担をすることを条件に贈与を受ける（負担付贈与）場合で、その負担が第三者の利益となる場合

みなし贈与財産の内容

金銭的にその評価額を見積もることのできる現金、預貯金、土地、建物等をもらった場合は、贈与を受けたことが明白です。それに対し、本来の贈与ではなくても、実質的に贈与を受けたのと同じように経済的利益を受け取った場合には、「みなし贈与」があったとされます。

みなし贈与の場合、当人が贈与であるという認識をしていないことが多いため、贈与税の申告をせず、税務署に指摘された後でみなし贈与について初めて知ったという人が多いようです。これらは民法上の贈与財産ではありませんが、相続税法上は贈与税の対象になります。

みなし贈与財産とは、具体的には、①債務免除等、②返済能力あるいは返済する意思が初めからない場合の親族からの借金、③委託者以外の者が受益者となる信託財産、④生命保険の保険料の負担者、被保険者、保険金の受取人がすべて違う場合の保険金の受取人が受け取った保険金、⑤定期金、⑥低額譲受け（低額譲渡）などの場合の対象財産を指します。これらのみなし贈与については、基礎控除を超えた金額が贈与税の課税対象になります。

このうち④の生命保険は、死亡保険金や満期保険金などを保険料負担者以外の人が受け取る場合、保険金の受取人が保険料を負担していた人から保険金の贈与を受けたものとみなします。ただ、保険金の受取人が法定相続人の場合には、贈与ではなく、相続とみなされることがあるため、注意が必要です。たとえば、夫が保険料を支払っていた生命保険で、夫の死亡保険金を妻が受け取った場合、妻は法定相続人

に該当するため、この場合は、贈与ではなく、「みなし相続財産」となります。つまり、税金面においても、贈与税ではなく、相続税の対象となるわけです。

⑤の定期金とは、一定の期間にわたって、定期的に金銭などの給付を受けることをいいます。定期金の例としては、個人年金保険の年金が典型です。個人年金保険の保険料を負担していた人と年金の受取人が違う場合に、生命保険と同様、年金の受取人が保険料の負担者から年金の受給権を受贈したということになります。

⑥の低額譲受けは、時価よりも低い価格で財産を買ったというような場合に起こります。たとえば、ある人が、時価1億円の土地を3,000万円で買った場合、差額の7,000万円は、売った人から買った人への贈与とみなされます。

なお、②の借金については、親と子、祖父母と孫など親族間での金銭の貸借であったとしても、借入金の返済能力や返済状況などから見て通常の金銭の貸借であると認められる場合には、借入金そのものは贈与にはなりません。ただし、借入金が無利子の場合、利子に相当する金額については、受け手が利益を受けたものとし、贈与として取り扱われる場合があります。

■ みなし贈与財産のしくみ

生命保険金	保険金の受取人以外の者が保険料を負担していた場合に保険金を取得したときに課税される
低額譲受け	著しく低い価格で財産を譲り受けた場合に課税される
債務免除益等	債務免除や債務の肩代わりをしてもらったときに課税される

贈与税の申告

贈与税の申告をするときは、贈与した人の住所地ではなく、贈与を受けた人の住所地を管轄する税務署に申告書を提出します。贈与を受けた額が基礎控除額以下であるときは、贈与税の申告は必要ありません。しかし、贈与税の配偶者控除や相続時精算課税制度の適用を受ける場合は贈与税がゼロでも申告する必要があります。

贈与税の申告期限および納付期限は、贈与を受けた年の翌年の２月１日から３月15日の間です。申告期限までに申告しなかった場合や実際にもらった額より少ない額で申告した場合には、本来の税金以外に加算税がかかります。

また、納税が期限に遅れた場合は、その遅れた税額に対して罰金的な利息にあたる延滞税がかかります。贈与税も他の税金と同じく金銭で一時に納めるのが原則です。

課税率は贈与税の方が高い

相続税も贈与税も、課税される財産が大きくなるほど高い税率が適用されます。これを超過累進課税といいます。税率は、232ページの税額表（速算表）のとおり最低10％から最高55％までとなっており、両方とも同じです。

ここで、贈与税について見ると、たとえば、現金350万円の贈与を受けた場合、課税価格は350万円から贈与税の基礎控除額である110万円を差し引いた240万円となります。税額表にあてはめると、「240万円×15％－10万円」となり、贈与税額は26万円ということになります。

税額表をさらに細かく見ると、相続税より贈与税の方が税率の上り具合が早いため、課税対象となる財産の価額が同じであれば、一般に贈与税の方が高い税率となります。

しかし、相続税と贈与税では、課税のしくみが異なります。同じ額の財産に対する税額を比較してもあまり意味がなく、贈与税の税率が高いからといって相続税が有利だとも言いきれません。

たとえば、資産が何十億円もあるという資産家の場合、相続税では高い税率が適用されます。しかし、毎年300～400万円の範囲で贈与すると、贈与税の税率は10～15％ですから、この場合は、税率から見て贈与の方が得になります。

また、相続税、贈与税ともに政策上あるいは社会通念上の観点から、特例による優遇措置が設けられています。優遇措置は、一定の要件を満たせば、特別に控除が受けられる制度が一般的ですが、適用を受けられる要件も相続税と贈与税では異なります。こういった面からも相続税と贈与税のどちらが有利かということは簡単には判断できません。したがって、税額表の表面的な数値のみを見るだけでなく、後述する様々な優遇措置を適用する場合の影響も考慮して検討する必要があります。

贈与税は直系尊属からの贈与かどうかで課税率が異なる

贈与税においては、18歳（令和4年3月31日以前は20歳）以上で直系尊属から贈与を受ける場合と、それ以外のケースで贈与を受ける場合では、後者の場合の方が相対的に高い税率となります。

具体的には、基礎控除後の課税価格が300万円を超えると、後者の場合の税率の上がり具合が早くなります。

贈与税の申告内容の開示請求

相続・遺贈（相続時精算課税の適用を受ける財産に関する贈与を含みます）によって財産を取得した人は、他の共同相続人等（その相続・遺贈によって財産を取得した他の人のこと）がいる場合には、被相続人にかかる相続税の期限内申告、期限後申告もしくは修正申告または更正の請求に必要となるときに限って、贈与税の申告内容の開示を請求することができます。

■ 相続税の税額表（速算表）

基礎控除後の課税価格		税　率	控除額
1,000万円以下		10%	な　し
1,000万円超	3,000万円以下	15%	50万円
3,000万円超	5,000万円以下	20%	200万円
5,000万円超	1億円以下	30%	700万円
1億円超	2億円以下	40%	1,700万円
2億円超	3億円以下	45%	2,700万円
3億円超	6億円以下	50%	4,200万円
6億円超		55%	7,200万円

■ 贈与税の税額表（速算表）

●18歳以上※で直系尊属からの贈与

基礎控除後の課税価格		税　率	控除額
200万円以下		10%	な　し
200万円超	400万円以下	15%	10万円
400万円超	600万円以下	20%	30万円
600万円超	1,000万円以下	30%	90万円
1,000万円超	1,500万円以下	40%	190万円
1,500万円超	3,000万円以下	45%	265万円
3,000万円超	4,500万円以下	50%	415万円
4,500万円超		55%	640万円

※令和４年３月31日以前は20歳以上

●上表以外の場合の贈与

基礎控除後の課税価格		税　率	控除額
200万円以下		10%	な　し
200万円超	300万円以下	15%	10万円
300万円超	400万円以下	20%	25万円
400万円超	600万円以下	30%	65万円
600万円超	1,000万円以下	40%	125万円
1,000万円超	1,500万円以下	45%	175万円
1,500万円超	3,000万円以下	50%	250万円
3,000万円超		55%	400万円

3 贈与税の計算例を見てみよう

贈与税の計算手順とは

以下の２つの手順を踏みます。

①　課税価格の計算

まず、毎年１月１日から12月31日までの間に贈与された財産の価格を求めます。複数の人から贈与された場合には、その全員からの贈与の合計額が対象価格になります。贈与された財産が土地や有価証券などの財産である場合は、相続税の場合と同様の方法で評価します。そこから110万円の基礎控除額を差し引くことができ、差引後の金額が課税価格となります。２人以上から贈与を受けたときでも、贈与者それぞれから110万円を差し引くことはできず、贈与を受けた１人につき１年間で110万円の基礎控除額を差し引くことになります。

したがって、年間に贈与された額が110万円以下であれば贈与税は課税されません。ただし、「負担付贈与」と「個人間の対価を伴う贈与」によって取得した株式および不動産は、贈与時の時価で評価することに注意が必要です。

「負担付贈与」とは、財産と借入金を一緒に贈与するような場合を指します。たとえば、株式購入の資金としてお金を借りた後に、その株式と借入金（借金返済の負担）を一緒に贈与するのが負担付贈与です。また、「個人間の対価を伴う贈与」とは、財産を贈与する代わりに贈与を受ける人に経済的な対価を要求する場合です。たとえば、父親が兄弟の兄の方に土地を贈与する代わりに兄から弟にお金を渡すといったケースです。

②　贈与税額の計算

贈与された財産の価格から基礎控除を除いた金額を計算した後に、

贈与税額の計算を行います。暦年課税は、取得した財産の価格から基礎控除額を差し引いた残額に「贈与税の税額表（速算表)」(232ページ）に定める税率を乗じて贈与税額を算出します。贈与税の計算は以上で完了です。相続税を算出する場合は、課税価格の合計の計算、相続税の総額の計算、納付税額の計算と３つのプロセスを踏まなければなりませんが、贈与税は極めてわかりやすいシンプルな方法で算出できます。数式で表すと以下のとおりです。

（贈与を受けた財産の合計額 ＋ みなし財産 － 非課税財産）
－ 基礎控除額（110万円） ＝ 課税価格
課税価格×税率=贈与税額

※非課税財産の例：法人から贈与された財産、親族間から生活費や教育費として取得した財産、香典や年末年始の贈答・祝物または見舞い金など

なお、贈与税の計算には、配偶者控除や相続時精算課税制度といった特例があるため、これらの特例により算定を行うこともあります。

■ 贈与税の計算方法

原則 ------ **暦年課税制度**

（贈与を受けた財産の合計額 ＋ みなし財産－非課税財産）
－基礎控除額（110万円）=課税価格
課税価格×税率=贈与税額
（例）現金350万円の贈与を受けた場合
課税価格＝350万円－110万円＝240万円
贈与税額は速算表より
240万円×15%－10万円＝26万円

特例
- **相続時精算課税制度**
- **配偶者控除など**

4 相続時精算課税制度とはどんな制度なのか

相続時精算課税制度とは

贈与税の課税制度には、「暦年課税制度」と「相続時精算課税制度」があります。暦年課税制度とは、1月1日から12月31日までの1年間に贈与を受けた財産の合計額から、基礎控除の110万円を控除した残額に課税する制度です。相続時精算課税制度は、生前贈与による資産の移転を円滑にすることを目的として、平成15年（2003年）の税制改正で創設された制度です。この制度は、贈与時に贈与財産に対する贈与税を納め、その贈与者の死亡時に、贈与財産の価額と相続財産の価額の合計額をもとに計算した相続税額から、すでに納めた贈与税相当額を控除するものです。つまり、贈与税と相続税の一体化です。

なお、一度この制度を選択すると、その後同じ贈与者からの贈与について「暦年課税」を選択できないので注意が必要です。

相続時精算課税を選択するには

相続時精算課税制度は、贈与を受ける財産に制限はありません。しかし、この制度は「高齢者が保有している資産を利用することで、経済の活性化を図ること」などの目的で導入されたものです。そのため相続時精算課税制度を選択する場合には、次の条件を満たす必要があります。

① 贈与者がその年の1月1日において60歳以上の親、または祖父母である。

② 受贈者がその年の1月1日において18歳（令和4年3月31日以前は20歳）以上であり、かつ、贈与者の推定相続人である直系卑属（子、代襲相続の孫など）もしくは孫である。

■ 相続時精算課税の税額計算

相続時精算課税の適用を受ける贈与財産については、他の贈与者からの贈与財産と区分して、選択した年以後の各年にわたるその贈与者からの贈与財産の価額の合計額をもとに贈与税額を求めます。

贈与税の額は、贈与財産の課税価格の合計額から特別控除額2,500万円を控除した後の金額に、一律20%の税率を掛けて算出します。この非課税枠2,500万円は、たとえば、ある年に2,000万円、翌年に500万円というように、複数年にまたがって使用してもかまいません。

なお、令和５年度税制改正により、令和６年１月以降の相続時精算課税制度適用に関する贈与については、特別控除額2,500万円とは別に基礎控除110万円も控除することができるようになりました（251ページ）。

また、相続時精算課税は、贈与者ごとに制度を利用することが可能です。つまり、相続時精算課税を選択した受贈者が、相続時精算課税に関する贈与者以外の者から贈与を受けた財産については、その贈与財産の価額の合計額から暦年課税の基礎控除額110万円を控除し、贈与税の速算表（232ページ）に定める税率を乗じて贈与税額を計算します。

相続時精算課税を選択しようとする受贈者は、対象となる最初の贈与を受けた年の翌年２月１日から３月15日までの間（贈与税の申告期限）に税務署長に対して「相続時精算課税選択届出書」を提出しなけ

■ 暦年課税制度と相続時精算課税制度は選択制

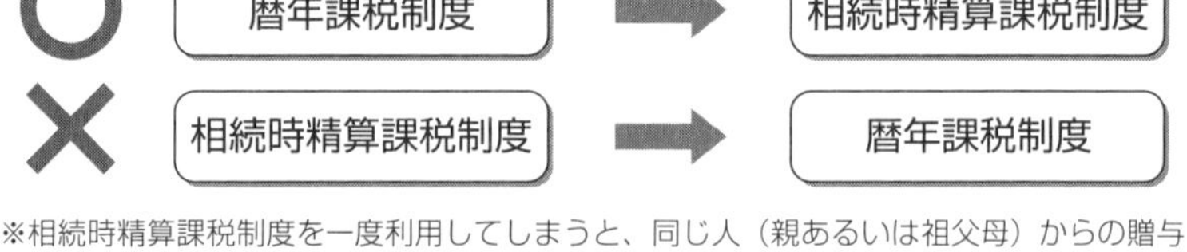

※相続時精算課税制度を一度利用してしまうと、同じ人（親あるいは祖父母）からの贈与については暦年贈与課税制度は利用できなくなる

ればなりません。

また、相続時精算課税は、教育資金贈与、結婚・子育て資金贈与、住宅所得等資金贈与の非課税制度（241ページ）と併用することができます。

なお、相続時精算課税を利用して納付した贈与税額は、相続税の計算の際に控除します。税額控除の結果、相続税額がゼロとなっている場合には、相続時精算課税による贈与税は還付を受けることになります。

制度選択時の注意点

まず、遺留分を考慮するという点があります。遺留分とは、法定相続人（兄弟姉妹を除く）に対して最低限取得が保障される遺産を意味します。原則として相続開始前１年間の贈与財産が遺留分侵害額請求の対象ですが、特別受益などの贈与財産は１年間より前でも遺留分侵害額請求の対象となるため（68ページ）、相続時精算課税制度を活用した贈与は遺留分を考慮した上で行う必要があります。これは、相続税がかからない場合でも同様です。

また、相続時精算課税制度については、相続開始後、他の共同相続人等に、税務署に対する生前贈与財産の申告内容（贈与税の課税価格合計額）の開示請求が認められています。つまり、被相続人と特定相続人の間での贈与について、他の共同相続人に知られてしまう可能性

相続時精算課税制度

贈与を受けた財産の合計額 － 特別控除額（※）（2,500万円） ＝ 課税価格

課税価格 × 一律20% ＝ 贈与税額

※令和６年１月以降の相続時精算課税制度適用に関する贈与については、特別控除額2,500万円とは別に基礎控除110万円も控除することができるようになった。

があるため、他の共同相続人が遺留分侵害額請求を提訴することも考えられます。仮に遺留分侵害額請求にまで至らなくても、遺産分割協議が難航する可能性は十分あります。

さらに、贈与を受けた人が贈与者よりも先に死亡したときは、死亡した人の相続人が相続時精算課税制度に対する納税の義務を負うという点にも気をつけなければなりません。たとえば、父親から子ども（配偶者はいるが子どもはいないとします）へ相続時精算課税制度を活用した贈与が行われた後、父親よりも子どもが先に死んでしまった場合、子どもの財産は、その配偶者（つまり、子どもの夫または妻）と父親・母親に相続されます。

その後に父親が死亡した際には、子どもの配偶者は父親の法定相続人ではありませんから、遺言がない限り、父親の財産を相続することはありません。ただ、子どもの配偶者は、その父親から何も財産を相続しなくても、子ども（つまり、すでに死亡した自分の夫または妻）からすでに相続した財産分の相続時精算課税に対する納税義務はそのまま承継し、税金を支払わなければなりません。

小規模宅地等の特例との併用の可否

相続税には、事業用宅地は400㎡を上限に80％の評価減、貸付事業用宅地は200㎡を上限に50％の評価減、居住用宅地は330㎡を上限に80％の評価減、という相続財産の価格を税務上減額することができる小規模宅地等の特例があります。この特例はその宅地を相続または遺贈により取得した者が適用を受けることができる制度ですから、生前贈与財産については適用できません。将来、相続税の申告において、小規模宅地等の特例を適用したい財産については、相続時精算課税制度の適用は一般的に避けるべきです。

5 配偶者控除の特例とはどんな制度なのか

配偶者控除とは

贈与税の税額を算出する際には、基礎控除額110万円の他に、配偶者からの居住用不動産などの贈与については、さらに配偶者控除（最高2,000万円）を差し引くことができます。よって、配偶者控除を受ける年は、基礎控除額と合計した2,110万円まで無税ということになります。また、相続開始前７年以内（令和５年12月以前の贈与は３年以内）に贈与された財産は相続財産の価格に加算されるという規定がありますが、配偶者控除を受けた場合の控除額に相当する部分は、加算する必要はありません。つまり、控除額に相当する部分には相続税が課税されません。ただし、夫婦といっても、内縁関係であるだけでは適用を受けることができません。また、不動産取得税や登録免許税は課税されますので注意してください。

居住用不動産の範囲とは

配偶者控除の対象となる居住用不動産は、贈与を受けた夫や妻が住むための国内の家屋またはその家屋の敷地であることが条件になります。居住用家屋の敷地には借地権も含まれます。居住用家屋と敷地は一括して贈与を受ける必要はありません。居住用家屋や居住用家屋の敷地のみの贈与を受けることができます。居住用家屋の敷地のみの贈与について配偶者控除の適用を受けるには、①夫または妻が居住用家屋を所有していること、②夫または妻と同居する親族が居住用家屋を所有していること、のいずれかの条件にあてはまることが必要です。

また、店舗兼住宅である不動産の場合であっても、居住用の面積がおおむね90％以上であれば、全部が居住用不動産として特例を受けることができます。90%を下回る場合には、面積比で、居住用部分相当に対して、この特例を受けることができます。店舗兼住宅の敷地のみを取得した場合でも、一定の要件を満たした場合には、居住用部分の敷地に対して、この特例を受けることができます。

特例を受けるための条件

配偶者控除の特例の適用を受けるためには、次の条件をすべて満たさなければなりません。なお、以下の②について、居住用不動産の贈与と居住用不動産を取得するための金銭の贈与のどちらが有利かといえば、居住用不動産の贈与の方が有利です。贈与する不動産の価格は相続税評価額となりますので、土地の場合は路線価（実勢価格の８割程度)、建物の場合は固定資産税評価額（建築費の５～７割）に対しての贈与税の課税ですむからです。

① 夫婦（内縁関係を除く）の婚姻期間（入籍日から居住用不動産または金銭の贈与があった日まで）が20年以上であること
② 居住用不動産または居住用不動産を取得するための金銭の贈与であること
③ 贈与を受けた配偶者が、翌年３月15日までにその居住用不動産に居住し、その後も住み続ける予定であること
④ 同じ配偶者から過去にこの特例を受けていないこと
⑤ 贈与税の確定申告をすること

前述した④の要件は、同じ配偶者の間では一生に一度しか適用を受けることができないということを意味します。また、⑤の要件である贈与税の確定申告書には、以下の書類を添付する必要があります。

ⓐ 戸籍謄本または抄本と戸籍の附票の写し（贈与を受けた日から10日以降に作成されたもの)
ⓑ 居住用不動産の登記事項証明書
ⓒ 固定資産評価証明書など居住用不動産を評価するための書類

6 教育資金、結婚・子育て資金、住宅取得等資金の贈与の特例について知っておこう

教育資金贈与の非課税制度

両親や祖父母など直系尊属にあたる人が、30歳未満の子や孫の将来の教育資金のために拠出したものであれば、一定の手続きをすれば、一括で贈与した場合でも最高1,500万円まで非課税となります。金銭の贈与を受ける人が、金融機関を経由して教育資金非課税申告書を所轄の税務署長に提出することで、非課税措置の対象となることができます。

また、受け取った金銭を教育資金のために使ったことを証明するために、金銭の贈与を受けた人は、その金銭を教育資金のために支払ったことを証明する書類を所轄の税務署長に提出する必要があります。

非課税措置の適用期間は、平成25年（2013年）４月１日から令和８年（2026年）３月31日までとなっています。なお、通学定期券代や留学渡航費等も教育資金の範囲に含まれます。

親子や兄弟など扶養義務者間で、必要の都度、生活費や学費などに充てられたお金については、そもそも贈与税はかかりません。当然ながら、特別な手続きは必要ありません。

結婚・子育て資金贈与の非課税制度

18歳以上50歳未満（令和４年３月31日以前は20歳以上50歳未満）の個人が、その直系尊属にあたる人から、結婚・子育ての支払いに充てるための資金の贈与を受けた場合、最高1,000万円までは贈与税が非課税となる制度です。ただし結婚費用の贈与は最高300万円までとなっています。直系尊属とは、自分の両親や祖父母などを指します。この非課税制度が適用されるのは、平成27年（2015年）４月１日から令和

７年（2025年）３月31日までに信託銀行等に信託するか、書面で贈与を受けた金銭等を拠出した（預金または有価証券の購入）場合です。

結婚・子育て資金の範囲とは、次のように定義されています。結婚の資金とは、結婚に際して支出する婚礼や結婚披露のための費用、新居に要する費用、引っ越しに要する費用などです。子育ての資金とは、妊娠・出産に要する費用、子の医療費や保育料などです。

受贈者は、贈与を受けた資金を払い出す際には、結婚・子育て資金の支払に充てたことを証明する書類を金融機関に提出する必要があります。また、特例を受けるための非課税申告書を金融機関経由で税務署へ提出しなければなりません。手続きもれや不備等がないように金融機関と相談しながら進めるとよいでしょう。

なお、期間中に贈与者が死亡した場合、まだ資金が残っているのであれば、その残額が相続または遺贈により取得した相続財産とみなされ、相続税の課税対象となります。ただし、亡くなった贈与者が祖父母の場合、配偶者と一親等の血族（代襲相続人の孫を含む）以外から

■ 教育資金の一括贈与の贈与税非課税措置のしくみ ………………

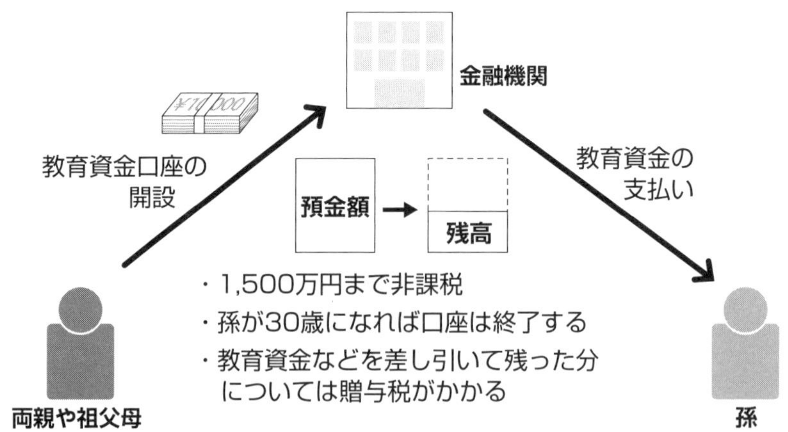

遺贈を受けたときに該当しますが、相続税の２割加算（225ページ）はされません。

住宅取得等資金贈与の非課税制度

住宅取得等資金の贈与を受けた場合の非課税制度は、自己の両親や祖父母など直系尊属から住宅取得等資金の贈与を受けた場合に、一定の非課税限度額まで贈与税が非課税（耐震、省エネまたはバリアフリーの住宅用家屋の場合は1,000万円、それ以外の場合は500万円）となる制度です。贈与者が複数の場合には、贈与を受けた金額を合計し、そのうち限度額までを非課税とすることができます。ただし、住宅そのものの贈与については、この制度の対象外となっています。

特例の適用期限は平成27年（2015年）１月１日から令和５年（2023年）12月31日までとされていましたが、令和６年度税制改正により、適用期限が令和８年（2026年）12月31日まで延長されました。

■ 結婚・子育て資金の一括贈与に関する贈与税の非課税措置制度…

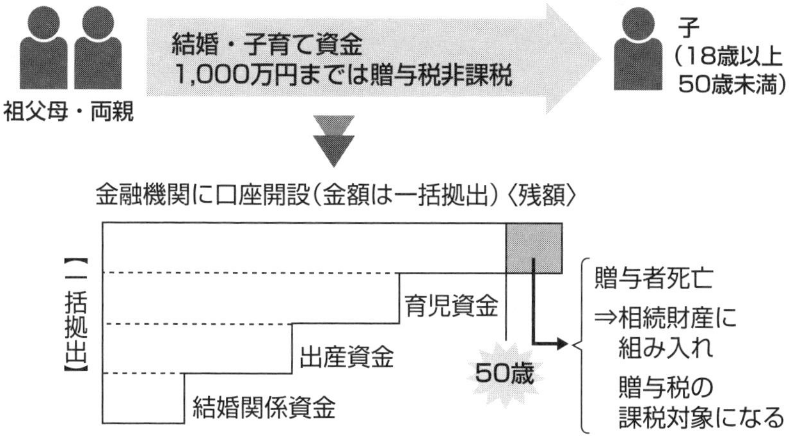

7 事業承継の場合には生前贈与と贈与を活用する

生前贈与には相続税の節税効果がある

事業承継とは、今までのオーナーから次の世代の新オーナーに、会社の経営を引き継ぐことです。具体的には、創業者の保有する株式をその子どもに引き継ぐことなどを意味することになります。

中小企業経営者が会社の自社株の大半を所有している場合、事業承継の際には、後継者に対する自社株の贈与や相続が発生し、贈与税や相続税の対象になってきます。

また、自分の生きているうち（生前）に、配偶者や子どもなどに財産を贈与する生前贈与には、相続税対策としての効果があります。相続税の節税のポイントは、贈与税の負担をいかに最小限に抑え、財産を移転するかにかかっています。その基本は、年間１人あたり110万円の贈与税の基礎控除の積極活用です。毎年110万円の贈与をしたとしても金額が少なすぎて効果がないように思えますが、仮に、配偶者と子ども２人の３人に対して、110万円ずつ10年間にわたって贈与したとすれば、無税で3,300万円までの贈与が可能になります。

ただし、このような連続した贈与（連年贈与）は「定額贈与」とみなされる可能性がありますので注意が必要です。毎年110万円ずつ親族の１人に贈与した場合、税務当局は「向こう10年間にわたり合計1,100万円を贈与するという権利を最初の年に贈与した」とみなし、その評価額を課税対象に取り込み、高額の贈与税を課税する場合があります。税務当局から連年贈与と疑われないためには、贈与人及び譲受人において、定期に支払いを行うものではないことを双方で認識を明確にした上で、贈与するごとに贈与契約書を作成するなどの対応をしていく必要があります。

自社株についての生前贈与と節税対策

自社株の後継者への生前贈与については、事業承継税制における納税猶予制度を活用できます。これは、非上場のオーナー企業が、次の世代のオーナーになる自分の子どもに円滑に事業を承継できるようにする目的で作られた制度です。

非上場企業のオーナーが後継者に自社の株式を贈与する場合、一定の要件を満たせば一般措置では発行済株式総数の３分の２まで、特例措置（令和６年度税制改正により、令和８年３月31日までに一定の承継計画を税務署に提出し、令和９年12月31日までの贈与が適用）では全株式に関して、贈与税の納付が猶予されます。ただ、これはあくまで、後継ぎを探すのが難しい中小企業の現状を考慮して、税制の面から支援することを目的とした制度です。したがって、制度の適用を受けるためにはさまざまな要件を満たす必要があり、税務署などに対して書類を提出するといった義務も果たさなければなりません。

たとえば、納税猶予制度の適用を受けるためには、制度を受けることができる会社の要件、後継者の要件、雇用維持の要件（特例措置の場合は一部の緩和があり）などをクリアする必要があります。

生前贈与を受けた分が相続税に加算されることもある

相続により財産をもらった人が、被相続人からその相続開始前７年以内（令和５年12月以前の贈与の場合は３年以内）に贈与を受けた財産がある場合には、贈与を受けた財産の価額を受贈者の相続税の課税価格に加算します。これを生前贈与の加算といいます。また、その加算された財産の価額に対応する贈与税の額は、加算された人の相続税の計算上控除されることになります。

贈与税は、相続税を補完する税です。死亡による財産の移転があった場合は相続税を課すのが本来の姿であることから、相続開始前７年以内（令和５年12月以前の贈与の場合は３年以内）の贈与による財産の移転については、相続税の課税価格に加算するという方法をとっています。もっとも、贈与時に贈与税を課税されていたときは、贈与税の金額が相続税から控除されるため（税額控除）、贈与税と相続税を二重に課税されることはありません。また、本来、相続税の計算では、相続時の価額により財産を評価しますが、生前に贈与された財産を加算する場合は、贈与当時の価額が加算する額となります。

生前贈与をするか相続税を支払うかの判断

事業承継にあたって自社株を移動する場合、最もポピュラーな移動手法が贈与による移動です。贈与税は、年度ごとに110万円の非課税枠があるため、この範囲内で行おうとすると自社株の移動に時間を要することになります。ただ、別に基礎控除を超えて贈与してもかまいません。贈与税を払ってでも贈与するかどうかです。その判断は、その贈与税が、将来発生すると思われる相続税よりも安いかどうかによります。

相続すべき自社株が少なければ、当然相続税は少なくなりますが、事業承継を考えている場合には、仮に相続税の方が安いとしても、将来が気がかりです。このようなときは、贈与税が少しばかり高くついても、生前に問題を解決してしまう方がよいかもしれません。

暦年課税制度

贈与税 ＝ （1月1日から12月31日までの１年間に贈与を受けた財産の合計額 − 基礎控除額（110万円）） × **贈与税率**

生前贈与の加算

相続開始前７年以内（令和５年12月以前の贈与は３年以内）に贈与を受けた財産を、贈与を受けた人の相続税の課税価格に加算すること

株式の評価額上昇による相続税の増加を抑える

自社株式の評価額が上昇する要因として、利益の増加、配当の増加、類似業種の上場株式の株価上昇、会社所有の不動産・有価証券の価格上昇等が考えられます。将来に向けて、会社がますます成長を続け、さらに上場株や土地の価格も上昇に転じれば、自社株式の評価額も何倍・何十倍と跳ね上がることが予想されます。

したがって、現金等のように将来においても価値の増加しない財産よりも将来価値の増加するものの贈与を先に行った方が相続税の節税メリットは格段に大きくなります。生前贈与には、このように株式の評価額の上昇に伴う相続税の増加を抑える効果があります。

自社株贈与ではどんな点に注意が必要か

贈与税対策の基本は、贈与する相手を多くし、少額を贈与することです。しかし、自社株をどんどん分散していくと、会社の経営に関係しない人も株主になり、何かと問題が生じやすくなります。

また、自社株の贈与手続きを確実に行わないと贈与として認められない可能性もあるため、贈与契約書を２通作成して贈与者と贈与を受けた者がそれぞれ１通ずつ保管します。なお、株式譲渡制限会社の場合、株式を贈与する際は会社の譲渡承認が必要になります。

事業承継にあたって生前贈与をする場合のメリット・注意点 …

生前贈与のメリット

・相続財産を減少させることができる
・株式の評価額の上昇に伴う相続税の増加を抑えることができる

生前贈与の注意点

自社株の生前贈与の場合は、贈与する相手を限定し、自社株の分散を避けること

※暦年課税で課税する場合を想定

Q 贈与税の納税猶予特例について教えてください。

A 同族企業のオーナーが自分の子に会社を継がせるため保有する株式を贈与するというような話はよく聞かれます。株式を贈与する場合には贈与税がかかりますので、子は譲り受けた株式の価値に応じた贈与税を支払うか、それが難しい場合には物納などの方法をとるしかありません。そのような資金負担を軽減し、事業承継をより円滑にするための措置として、贈与税の納税猶予の特例が設けられています。会社の後継者が、親族であるオーナー経営者から非上場株式を一括して受贈した場合、一定の条件を満たせば、その非上場株式に課せられる贈与税は全額、支払いを猶予される制度です。

贈与税の納税猶予の特例を受けた場合には、その後5年間は「経営継承期間」と呼ばれる期間になります。この5年の期間中は納税を猶予されるための諸々の要件を満たさなければなりません。主な要件としては以下のようなものがあります。なお、贈与税の納税猶予の特例の適用要件等は、相続税の場合とほぼ同じで、一般措置と特例措置があります。

(オーナーである贈与者の主な要件)

・会社の代表権を有していたこと
・贈与直前で、同族関係者と合わせて会社の議決権の50%超を保有し、かつ後継者を除いて最も多くの議決権を保有していたこと
・贈与時において会社の代表権を有していないこと

(後継者である受贈者の主な要件)

・納税猶予の株式を保有し続けること
・贈与時に会社の代表権を有していること
・贈与時に18歳以上であること
・贈与時に役員の就任から3年以上経過していること

・贈与時に同族関係者と合わせて会社の議決権の50%超を保有すること
・後継者が１人の場合に、後継者と特別の関係がある者の中で後継者が最も多くの議決権を保有すること。なお、特例措置では、後継者が２人または３人の場合でも議決権の10%以上を保有し、後継者と特別の関係がある者の中で最も多くの議決権を保有していれば適用が可能

受贈者は、これらを証明するために、１年ごとに税務署に「継続届出書」、経済産業大臣に「年次報告書」を提出しなければなりません。さらに、この５年間を経過した後も、納税猶予のために一定の要件を満たし続ける必要があります。税務署へは３年ごとに「継続届出書」を提出しなければなりません。

また、贈与税の納税猶予と相続時精算課税制度の併用も認められています。

■ 贈与税の納税猶予を受けるための主な要件

1. 後継者である新オーナーが代表者であり続けること
2. 常時雇用者の８割以上の雇用を維持すること（特例措置の場合には、一定の要件を満たせば８割未満の場合でも猶予の継続が可能）
3. 新オーナーと同族関係者とで総議決権の 50%を超える決議権を持ち続けていること
4. 新オーナーが同族内で筆頭株主であり続けること。新オーナーが複数(２人または３人)の場合には、さらに総議決権数の10%以上を有していること（一般措置では１人の後継者しか認められていない）
5. 会社の収入金額がゼロでないこと
6. 従業員が１人以上いること
7. 会社が資産保有型や資産運用型会社に該当しないこと（例外あり）

8 相続税と贈与税の改正について知っておこう

なぜ改正する必要があるのか

政府与党が令和４年12月に公表した令和５年度税制改正大綱では、「高齢化等に伴い、高齢世代に資産が偏在するとともに、いわゆる『老老相続』が増加するなど、若年世代への資産移転が進みにくい状況にある」とされています。相続税精算課税制度（235ページ）は、親から子や孫への資産の移転を円滑に行うために平成15年（2003年）に創設されて約20年が経過しますが、上記の状況はこの制度が必ずしも深く浸透されていないことを示しているともいえます。

また、同改正大綱では、相続税と贈与税の中立的な税制の目的達成に向けての課題が示されています。たとえば、一部の資産家などでの相続税や贈与税を過度に意識された節税対策等によって、その目的が達成されていないということも考えられます。

そこで、所得・資産の再分配の機能の確保を図りつつ、資産の早期の世代間移転を促進し、経済の活性化をより期待するために令和５年度や令和６年度の税制改正の中で相続税及び贈与税に関する改正が行われました。

どんな改正が行われたのか

①　暦年課税による生前贈与の加算対象期間等の見直し

令和６年１月１日以降の贈与について、相続税の計算で必要な相続財産に加算される期間は相続開始前７年以内（従来は３年以内）になりました。

②　相続時精算課税制度についての基礎控除の創設

令和６年１月１日以降に相続時精算課税（235ページ）を適用した

場合には、基礎控除110万円が新たに設けられました。

③　**相続税精算課税制度に関する不動産価格の特例の創設**

相続時精算課税制度の適用者が、贈与により取得した不動産（土地または建物）について、将来相続が発生した後の相続税申告書の提出期限までに、令和６年１月１日以降に震災や火災などの災害によって一定の被害を受けた場合には、その不動産の課税価格は、贈与時の価格から、災害による被災額を控除することができるようになりました。

④　**教育資金、結婚・子育て資金、住宅取得等資金の贈与に関する贈与税の非課税措置の延長**

教育資金贈与の非課税制度（241ページ）は、従来は令和５年３月31日までの贈与に適用することになっていましたが、令和８年３月31日まで３年間延長されました。結婚・子育て資金贈与の非課税制度

■ 生前贈与の加算対象期間の改正 ……………………………………

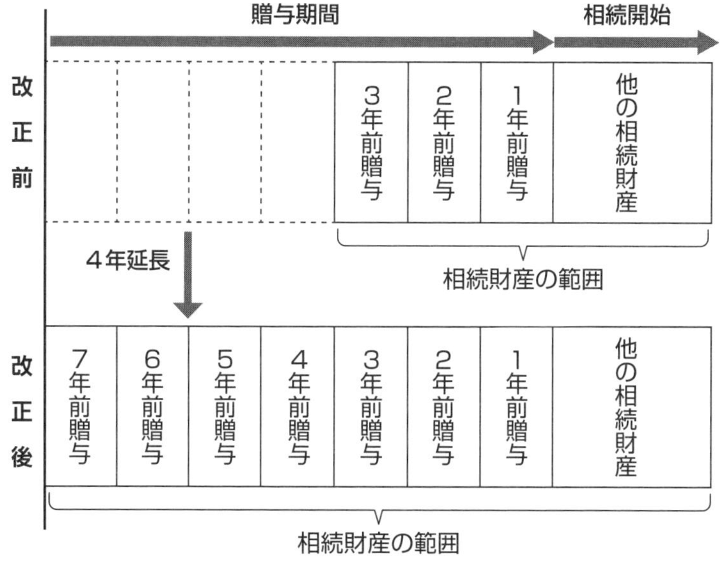

※４年前～７年前贈与の４年間延長部分は、贈与額から総額100万円を控除することができる。

(241ページ）は、従来は令和５年３月31日までの贈与に適用することになっていましたが、令和７年３月31日まで２年間延長されました。

また、住宅取得等資金贈与の非課税制度（242ページ）は、従来は令和５年12月31日までの贈与に適用することになっていましたが、令和６年度税制改正により、令和８年12月31日まで３年間延長されました。

⑤　非上場株式等の納税猶予（特例措置）の承継計画の提出期限の延長

非上場株式等の相続税・贈与税の納税猶予の特例措置を適用する場合には、一定の承継計画を令和６年３月31日まで税務署に提出する必要がありましたが、令和６年度税制改正により、令和８年３月31日まで２年間延長されました。

以下では、①、②及び③についてもう少し詳しくみていきましょう。

暦年課税による生前贈与の加算対象期間等の見直し

従来は、相続開始前３年以内に受けた暦年課税による贈与は相続財産に加算することになっていましたが、令和６年１月１日以降の贈与からは７年以内となり４年間増加しました。

たとえば、令和６年12月に父が子に対して暦年課税による贈与を行った場合、仮に加算対象期間が従来どおりの３年以内であれば、令和10年１月を迎えればその後に相続が発生したとしてもこの贈与財産に対する相続税計算は発生しませんが、今回の改正により令和14年１月まで迎えないと相続税計算に加わってしまうということになります。

この改正は、これまで節税のために基礎控除額以内あるいは低い贈与税率の段階で毎年少しずつ贈与していた場合には、その節税の効果が従来の３年ではなく７年を経過しないと表れないということになります。したがって、資産を多く有する者からみれば今後次世代などへの資産の移転の方法も変わっていくのかもしれません。

なお、加算対象期間が延長された４年間に行われた贈与に関しては、改正により贈与額から総額100万円までを控除した額を相続財産とすることができます。

　また、激変緩和措置として令和６年～令和８年に相続が発生した場合であっても従来どおり加算対象期間は３年以内のままで、その後令和９年の相続からに段階的に１年ずつ加算対象期間が引き上げられて、令和12年の相続から７年以内となります。

■相続時精算課税制度についての基礎控除の創設

　暦年課税制度では、従来より基礎控除110万円が認められていますが、相続税精算課税制度はこのような基礎控除はありませんでした。しかし、令和６年１月１日以降に相続時精算課税制度を適用する場合においても基礎控除110万円が認められるようになりました。

　暦年課税制度と相続税精算課税制度は選択適用ですが、相続時精算課税制度の基礎控除は暦年課税の基礎控除と同様に毎年110万円を控除することができます。また、相続時精算課税制度を適用する場合に

■ 相続時精算課税制度の基礎控除

3,000万円を贈与した場合

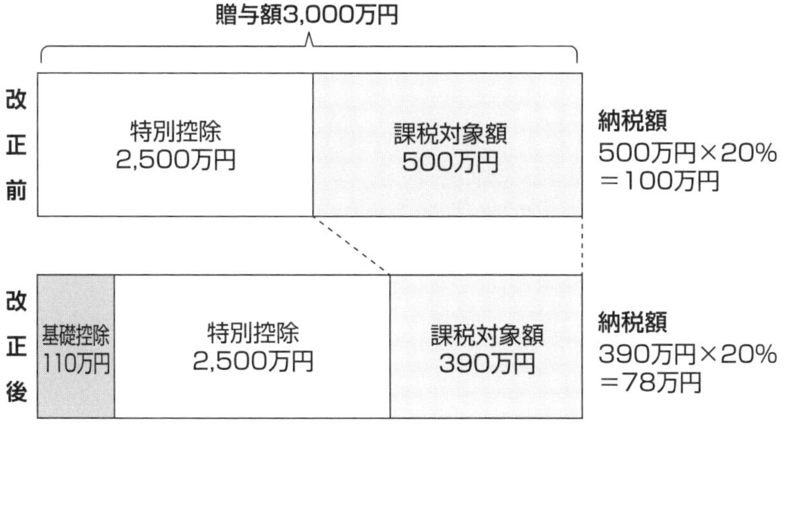

は贈与税を申告する必要がありますが、基礎控除110万円以内の贈与であれば贈与税の申告は不要です。

さらに、その後相続が発生した場合には、基礎控除以内の贈与については相続財産にも加算されません。一方、暦年課税の場合では、前述のとおり令和６年１月１日以降の贈与からは７年以内に受けた贈与は基礎控除額以内であっても相続財産に加算されることなります。

相続税精算課税制度に関する不動産価格の特例の創設

相続時精算課税制度の適用対象となる贈与者（特定贈与者）が死亡して相続が発生する際に、相続税の計算上、原則としてこの制度を適用して譲り受けた資産の贈与時の時価を相続財産に加算して相続税額を計算することになっています。しかし、昨今の頻発する自然災害等により不動産の価値が滅失して、その場合でも贈与時の時価に基づいて相続税の計算を行うことになると、財産取得者が不当に高額な相続税の負担を強いることになりかねません。そこで、一定の被害の際には贈与時の時価ではなくその災害による被災価額を控除した残額とすることになりました。

なお、一定の被害とは、贈与時の時価等に対する被害額（対応する保険金の補填額控除後）の割合が10％以上となる被害をいいます。

【監修者紹介】

木島　康雄（きじま　やすお）

1964 年生まれ。京都大学法学部卒業。専修大学大学院修了。予備試験を経て司法試験合格。弁護士（第二東京弁護士会）、作家。過去 40 冊以上の実用書の公刊、日本経済新聞全国版でのコラム連載と取材の他、多数の雑誌等での掲載歴あり。現在、旬刊雑誌「税と経営」にて、300 回を超える連載を継続中。作家としては、ファンタジー小説「クラムの物語」（市田印刷出版）を公刊。平成 25 年、ラブコメディー「恋する好色選挙法」（日本文学館）で「いますぐしよう！作家宣言２」大賞受賞。平成 30 年７月には「同級生はＡＶ女優」（文芸社）、令和４年４月には「認知症尊厳死」（つむぎ書房）同年 10 月には「真、桶狭間」（文芸社）を発表。
弁護士実務としては、相続、遺言、交通事故、入国管理、債権回収、債務整理、刑事事件等、幅広く手がけている。
主な監修書として、『改訂新版　図解で早わかり 賃貸借のしくみとルール』『図解で早わかり　民法【財産法】のしくみ』『すぐに役立つ　最新借地借家の法律と実務書式 87』『入門図解　最新　交通事故の法律とトラブル解決マニュアル』『入門図解　最新　告訴・告発・刑事トラブル解決マニュアル』『図解で早わかり 行政法のしくみ』『小さな事業者【個人事業主・小規模企業】のための法律と税金 実務マニュアル』『図解とＱ＆Ａでわかる 建築基準法・消防法の法律知識』（小社刊）などがある。

木島法律事務所
〒 134-0088　東京都江戸川区西葛西６丁目 12 番７号　ミル・メゾン 301
TEL：03-6808-7738　FAX：03-6808-7783

武田　守（たけだ　まもる）

1974 年生まれ。東京都出身。公認会計士・税理士。慶應義塾大学卒業後、中央青山監査法人、太陽有限責任監査法人、上場会社勤務等を経て、現在は武田公認会計士・税理士事務所代表。監査法人では金融商品取引法監査、会社法監査の他、株式上場準備会社向けの IPO コンサルティング業務、上場会社等では税金計算・申告実務に従事。会社の決算業務の流れを、監査などの会社外部の視点と、会社組織としての会社内部の視点という２つの側面から経験しているため、財務会計や税務に関する専門的なアドバイスだけでなく、これらを取り巻く決算体制の構築や経営管理のための実務に有用なサービスを提供している。
著作として『株式上場準備の実務』（中央経済社、共著）、『不動産税金【売買・賃貸・相続】の知識』『入門図解　消費税のしくみと申告書の書き方』『入門図解 会社の終わらせ方・譲り方【解散清算・事業承継・Ｍ＆Ａ】の法律と手続き実践マニュアル』『図解で早わかり　会計の基本と実務』『個人開業・青色申告の基本と手続き 実践マニュアル』『図解で早わかり 会社の税金』『事業再編・Ｍ＆Ａ【合併・会社分割・事業譲渡】の法律と手続き』『すぐに役立つ　相続登記・相続税・事業承継の法律と書式』『身内が亡くなったときの届出と法律手続き』『すぐに役立つ 空き家をめぐる法律と税金』『図解で早わかり 税金の基本と実務』『入門図解 電子帳簿保存法対応　経理の基本と実務マニュアル』『入門図解 法人税のしくみと法人税申告書の書き方』『小さな事業者【個人事業主・小規模企業】のための法律と税金 実務マニュアル』（小社刊）などがある。

すぐに役立つ
これだけは知っておきたい！
遺言書の書き方と生前贈与の法律と税金

2024年５月20日　第１刷発行

監修者　木《き》島《じま》康《やす》雄《お》　武《たけ》田《だ》守《まもる》
発行者　前田俊秀
発行所　株式会社三修社
〒150-0001　東京都渋谷区神宮前2-2-22
TEL　03-3405-4511　FAX　03-3405-4522
振替　00190-9-72758
https://www.sanshusha.co.jp
印刷所　萩原印刷株式会社
製本所　牧製本印刷株式会社
©2024 Y. Kijima & M. Takeda Printed in Japan
ISBN978-4-384-04940-4 C2032

JCOPY 〈出版者著作権管理機構 委託出版物〉
本書の無断複製は著作権法上での例外を除き禁じられています。複製される場合は、そのつど事前に、出版者著作権管理機構（電話 03-5244-5088 FAX 03-5244-5089 e-mail: info@jcopy.or.jp）の許諾を得てください。